Emmanuel Kant

Idée d'une histoire universelle au point de vue cosmopolitique

Traduit de l'allemand par
Luc Ferry

Dossier et notes réalisés par
Heidi Barré

Lecture d'imag
Christine Ca

folioplus
philosophie

Heidi Barré (née en 1979) est professeur certifiée de philosophie. Elle vit actuellement à Metz et enseigne au lycée Blaise-Pascal de Forbach. Elle est l'auteur du commentaire du *Discours sur l'origine et les fondements de l'inégalité parmi les hommes* de Rousseau (Folioplus philosophie n° 82).

Christine Cadot est maître de conférences en science politique à l'université Paris-VIII, après avoir été chercheuse au Centre d'études européennes de Harvard. Ses recherches s'orientent vers l'étude des représentations artistiques des identités politiques.

Sommaire

Sommaire

*Idée d'une histoire universelle au point de vue cosmopolitique**

* Une brève note parue dans la douzième livraison de la *Gotaische Gelehrte Zeitung* de cette année, se référant sans doute à l'entretien que j'ai eu avec un savant de passage, me conduit à fournir cet éclaircissement sans lequel la note en question demeurerait inintelligible[1]. (*Les notes appelées par un astérisque sont de Kant.*)

1. Kant se réfère à la note suivante : « Une idée chère au professeur Kant est que le but final du genre humain est d'atteindre la constitution politique la plus parfaite, et il souhaite qu'un historien philosophe veuille bien entreprendre de nous livrer une histoire de l'humanité écrite dans cette perspective, et de montrer dans quelle mesure l'humanité s'est approchée ou éloignée de ce but aux différentes époques, ainsi que ce qui reste encore à accomplir pour l'atteindre. »

Quel que soit le concept que, du point de vue métaphysique, on puisse se faire de la *liberté du vouloir*, il reste que les *manifestations phénoménales* de ce vouloir, les actions humaines, sont déterminées selon des lois universelles de la nature, exactement au même titre que tout autre événement naturel[1]. L'histoire, qui se propose de raconter ces manifestations phénoménales, quelle que puisse être la profondeur en laquelle sont cachées leurs causes, donne cependant à espérer qu'en considérant *globalement* le jeu de la liberté du vouloir humain elle peut y découvrir un cours régulier et que, de cette façon, ce qui chez les sujets particuliers paraît confus et irrégulier pourra cependant être reconnu au niveau de l'espèce entière comme étant un développement constant, bien que lent, de ses dispositions originelles. Ainsi, par exemple, les mariages, les naissances qui en résultent et la mort, étant donné que la libre volonté

1. Pour comprendre comment la liberté humaine peut n'être pas niée du fait que les actions humaines sont « déterminées selon des lois universelles de la nature », il faut rappeler que, selon Kant, l'homme doit être envisagé selon deux points de vue : comme être sensible, d'une part, comme être intelligible, d'autre part. En tant qu'être appartenant à la nature, les actions de l'homme relèvent du principe de causalité comme pour tout autre phénomène. Mais en tant qu'être suprasensible (raisonnable), l'homme doit être regardé comme une causalité libre.

des hommes exerce sur eux une si grande influence, ne semblent pouvoir être soumis à aucune règle d'après laquelle on pourrait en calculer le nombre par avance ; et, pourtant, les tableaux qu'on en dresse chaque année[1] dans les grands pays prouvent qu'ils se produisent tout aussi bien selon des lois naturelles constantes, que les si inconstantes variations atmosphériques qui, prises isolément, ne sont pas prévisibles, mais qui pourtant, dans leur ensemble, ne manquent pas de maintenir le cours uniforme et ininterrompu de la croissance des plantes, de l'écoulement des fleuves et de bien d'autres formations naturelles. Les hommes pris isolément, et même des peuples entiers, ne songent guère au fait qu'en poursuivant leurs fins particulières, chacun selon son avis personnel, et souvent l'un à l'encontre de l'autre, ils s'orientent sans le savoir au dessein de la nature, qui leur est lui-même inconnu, comme à un fil conducteur, et travaillent à favoriser sa réalisation ; ce qui, même s'ils le savaient, leur importerait pourtant assez peu.

Étant donné que les hommes, dans les efforts qu'ils entreprennent en vue de réaliser leurs aspirations, ne procèdent pas dans l'ensemble de façon simplement instinctive, mais pas non plus cependant comme des citoyens raisonnables du monde selon un plan concerté, il semble également qu'une histoire planifiée (comme par exemple celle des abeilles et des castors) soit impossible en ce qui les concerne. On ne peut se défendre d'une certaine humeur lorsqu'on voit exposés leurs faits et gestes sur la grande scène du monde et que, à côté de quelques manifestations de sagesse ici ou là pour certains cas particuliers, on ne trouve pourtant dans l'ensemble, en dernière analyse, qu'un tissu de folie, de vanité infantile, souvent même de méchanceté et de soif de destruction puériles : de sorte qu'à la fin on ne sait plus quel

1. Kant fait ici référence aux statistiques qui mettent en évidence des régularités d'ensemble dépassant le point de vue individuel.

concept on doit se faire de notre espèce si imbue de sa supériorité. Le philosophe ne peut tirer de là aucun autre enseignement que le suivant : étant donné qu'il ne peut supposer dans l'ensemble chez les hommes et dans leur jeu aucun *dessein personnel* raisonnable, il lui faut chercher s'il ne peut découvrir dans la marche absurde des choses humaines un *dessein de la nature* à partir duquel serait du moins possible, à propos de créatures qui procèdent sans plan personnel, une histoire selon un plan déterminé de la nature. Nous voulons examiner s'il nous sera possible de trouver un fil conducteur[1] pour une telle histoire ; nous laisserons ensuite à la nature le soin de produite l'homme capable de rédiger l'histoire selon ce fil conducteur. N'a-t-elle pas produit un Kepler[2], qui soumit d'une façon inattendue les orbites excentriques des planètes à des lois déterminées, et un Newton[3] qui expliqua ces lois en vertu d'une cause naturelle universelle ?

---

1. Le fil conducteur constitue le point de vue à partir duquel écrire l'histoire. Il s'agit d'un principe régulateur, et non constitutif, c'est-à-dire tel qu'il ne peut être raisonnablement posé dans la réalité, mais ayant la valeur d'une hypothèse propre à orienter la recherche.

2. Astronome allemand (1571-1630), fondateur de l'astronomie moderne. Les lois de Kepler décrivent le mouvement des corps célestes.

3. Mathématicien, physicien et astronome anglais (1642-1727). Créateur de la mécanique céleste et découvreur de la gravitation universelle. De même que Newton rend compte des phénomènes naturels par une loi, de même l'historien philosophe doit conférer à l'apparent désordre du monde un sens global.

Première proposition

Toutes les dispositions naturelles d'une créature sont destinées à se déployer un jour de façon exhaustive et finale. Cela est confirmé chez tous les animaux, aussi bien par l'observation externe que par l'observation interne, ou dissection. Un organe qui ne doit pas être utilisé, un agencement qui n'atteint pas son but sont des contradictions au regard de la doctrine téléologique[1] de la nature. En effet, si nous nous écartons de ce principe, nous n'avons plus affaire à une nature conforme à des lois, mais à une nature qui joue sans aucun but ; et l'indétermination désolante vient prendre la place du fil conducteur de la raison.

1. Il s'agit du principe de finalité permettant de rendre compte des phénomènes. Au regard de l'histoire humaine, un tel principe ne peut être utilisé que dans son statut régulateur, et non constitutif.

Deuxième proposition

Chez l'homme (en tant que seule créature raisonnable sur terre), *les dispositions naturelles qui visent à l'usage de sa raison ne devaient être développées complètement que dans l'espèce, mais non dans l'individu.* Chez une créature, la raison[1] est un pouvoir permettant d'étendre bien au-delà de l'instinct naturel les règles et les desseins qui président à l'usage de toutes ses forces, et ses projets ne connaissent pas de limites. Elle n'agit cependant pas elle-même de façon instinctive, mais elle a besoin du tâtonnement, de l'exercice, de l'enseignement afin de progresser peu à peu d'un degré d'intelligence à un autre. Par suite, il faudrait que chaque homme ait une vie illimitée pour apprendre comment il doit faire un usage complet de toutes ses dispositions naturelles ; ou alors, si la nature ne lui a assigné qu'une courte durée de vie (comme c'est effectivement le cas), c'est qu'elle a besoin d'une série peut-être incalculable de générations, dont chacune transmet aux suivantes ses lumières, pour conduire finalement le développement de ses germes dans l'espèce humaine jusqu'au niveau qui est parfaitement conforme à son dessein. Et cet instant final doit être, au moins dans l'idée de l'homme, le but de ses efforts, car, sans cela, les dispositions natu-

1. Par raison, il faut entendre ici une capacité proprement humaine de poser de nouvelles fins.

relles devraient être considérées pour la plupart comme vaines et sans finalité, ce qui supprimerait tous les principes pratiques ; la nature serait alors suspecte d'un jeu puéril en l'homme seul, alors que sa sagesse doit être admise par ailleurs comme un principe pour le jugement de toutes les autres formations naturelles.

Troisième proposition

La nature a voulu que l'homme tire entièrement de lui-même tout ce qui dépasse l'ordonnance mécanique de son existence animale, et qu'il ne prenne part à aucune autre félicité ou perfection que celles qu'il s'est lui-même créées, indépendamment de l'instinct, par sa propre raison. La nature, en effet, ne fait rien de superflu, et elle n'est pas prodigue dans l'usage des moyens pour atteindre ses buts. En donnant à l'homme la raison ainsi que la liberté du vouloir qui se fonde sur elle, elle indiqua déjà clairement son dessein en ce qui concerne la dotation de l'homme. Il ne devait pas en effet être guidé par l'instinct, ni non plus être instruit et pris en charge par une connaissance innée ; il devait bien plutôt tirer tout de lui-même. La découverte de ses moyens de subsistance, son habillement, sa sécurité et sa défense extérieures (pour lesquelles elle ne lui donna ni les cornes du taureau, ni les griffes du lion, ni les crocs du chien, mais seulement des mains), tout divertissement qui peut rendre la vie agréable, même son intelligence et sa prudence, et jusqu'à la bonté de son vouloir, devaient être entièrement son œuvre propre. La nature semble même s'être ici complue à sa plus grande économie[1],

1. L'économie de moyens mis en œuvre par la nature pour qu'elle atteigne ses fins doit être comprise au regard du principe selon lequel elle ne fait rien en vain.

et avoir mesuré sa dotation animale au plus court et au plus juste en fonction du besoin le plus pressant d'une existence à ses débuts, comme si elle voulait que l'homme, lorsqu'il serait parvenu un jour à passer de l'état le plus brut à celui de la plus grande habileté, de la perfection intérieure du mode de pensée et, par là (pour autant que cela est possible sur terre), jusqu'au bonheur, n'en doive attribuer le mérite qu'à lui seul et n'en être redevable qu'à lui-même ; tout se passant comme si elle avait davantage visé son *estime raisonnable de soi*[1] que son bien-être. Car ce cours des affaires humaines est jalonné d'une multitude d'épreuves qui attendent l'homme. La nature semble cependant ne s'être nullement attachée à ce qu'il vive agréablement, mais au contraire à ce qu'il travaille à s'élever jusqu'au point où, par sa conduite, il devient digne de la vie et du bien-être. Demeure toujours étrange ici le fait que les générations antérieures ne semblent poursuivre leur pénible labeur qu'au profit des générations ultérieures, afin précisément de leur préparer un échelon à partir duquel elles pourraient élever plus haut l'édifice que la nature a en vue, alors que seules les générations les plus tardives doivent avoir la chance d'habiter l'édifice auquel a travaillé une longue lignée de devanciers (il est vrai sans l'avoir intentionnellement voulu) qui ne pouvaient pourtant eux-mêmes prendre part à la joie qu'ils préparaient. Mais, si énigmatique que cela soit, c'est bien également nécessaire, dès lors qu'on admet ce qui suit : une espèce animale doit être pourvue de raison, et, en tant que classe d'êtres raisonnables qui tous meurent, mais dont l'espèce est immortelle, elle doit pourtant parvenir jusqu'à la plénitude du développement de ses dispositions.

1. La nature nous réserve une destination plus élevée que le bien-être (qui serait accessible par l'instinct seul), à savoir le fait de se rendre digne d'être heureux par la reconnaissance de ce qui est éminemment respectable en l'homme.

Quatrième proposition

Le moyen dont se sert la nature pour mener à bien le développement de toutes ses dispositions est leur antagonisme dans la société, pour autant que celui-ci se révèle être cependant en fin de compte la cause d'un ordre légal de celle-ci. J'entends ici par antagonisme l'*insociable sociabilité* des hommes, c'est-à-dire leur tendance à entrer en société, tendance cependant liée à une constante résistance à le faire qui menace sans cesse de scinder cette société. Cette disposition réside manifestement dans la nature humaine. L'homme possède une inclination à *s'associer*, car dans un tel état il se sent plus homme, c'est-à-dire ressent le développement de ses dispositions naturelles. Mais il a aussi une forte tendance à se *singulariser* (s'isoler), car il rencontre en même temps en lui-même ce caractère insociable qu'il a de vouloir tout diriger seulement selon son point de vue ; par suite, il s'attend à des résistances de toute part, de même qu'il se sait lui-même enclin de son côté à résister aux autres. Or, c'est cette résistance qui éveille toutes les forces de l'homme, qui le conduit à surmonter sa tendance à la paresse et, sous l'impulsion de l'ambition, de la soif de domination ou de la cupidité[1], à se tailler un rang parmi ses compagnons qu'il supporte peu volontiers, mais dont il ne peut pourtant pas

1. Ces passions traduisent l'égoïsme foncier de l'homme.

non plus se passer. Or c'est précisément là que s'effectuent véritablement les premiers pas qui mènent de l'état brut à la culture, laquelle réside au fond dans la valeur sociale de l'homme ; c'est alors que se développent peu à peu tous les talents, que se forme le goût et que, par une progression croissante des lumières, commence même à se fonder une façon de penser qui peut avec le temps transformer la grossière disposition naturelle au discernement moral en principes pratiques déterminés et, finalement, convertir ainsi en un tout *moral*[1] un accord à la société *pathologiquement*[2] extorqué. Sans ces qualités, certes en elles-mêmes peu sympathiques, d'insociabilité, d'où provient la résistance que chacun doit nécessairement rencontrer dans ses prétentions égoïstes, tous les talents resteraient à jamais enfouis dans leurs germes au milieu d'une existence de bergers d'Arcadie[3], dans un amour mutuel, une frugalité et une concorde parfaites : les hommes, doux comme les agneaux qu'ils font paître, n'accorderaient guère plus de valeur à leur existence que n'en a leur bétail ; ils ne combleraient pas le vide de la création, eu égard à son but en tant que nature raisonnable. Que la nature soit donc remerciée pour ce caractère peu accommodant, pour cette vanité qui rivalise jalousement, pour ce désir insatiable de posséder ou même de dominer. Sans elle, toutes les excellentes dispositions naturelles sommeilleraient éternellement à l'état de germes dans l'humanité. L'homme veut la concorde, mais la nature sait mieux que lui ce qui est bon pour son espèce : elle veut la discorde. Il veut vivre sans efforts et à son aise, mais la

1. Communauté d'êtres libres et raisonnables. Il s'agit d'une idée de la raison pratique à la réalisation de laquelle les hommes doivent se contraindre.

2. Est pathologique ce qui relève des inclinations sensibles, par définition égoïstes.

3. Région de l'ancienne Grèce au centre du Péloponnèse qui, dans la mythologie et la poésie, représente le pays du bonheur.

nature veut qu'il soit obligé de sortir de son indolence et de sa frugalité inactive pour se jeter dans le travail et dans les peines afin d'y trouver, il est vrai, des moyens de s'en délivrer en retour par la prudence. Les mobiles naturels qui l'y poussent, les sources de l'insociabilité et de la résistance générale d'où jaillissent tant de maux, mais qui cependant suscitent une nouvelle tension des forces et, par là même, un plus ample développement des dispositions naturelles, trahissent donc bien l'ordonnance d'un sage créateur et non, par exemple, la main d'un esprit méchant qui aurait saboté son magnifique ouvrage ou l'aurait gâté par jalousie.

Cinquième proposition

Le plus grand problème pour l'espèce humaine, celui que la nature contraint l'homme à résoudre, est d'atteindre une société civile administrant universellement le droit. Comme c'est seulement dans la société — et, à vrai dire, dans celle qui possède la plus grande liberté, par suite aussi un antagonisme général de ses membres, et cependant la détermination et la garantie les plus exactes des limites de cette liberté afin qu'elle puisse coexister avec celle des autres —, comme c'est seulement en elle que peut être atteint dans l'humanité le dessein suprême de la nature, à savoir le développement de toutes ses dispositions, la nature voulant également que l'humanité soit obligée de réaliser elle-même cette fin, ainsi que toutes les fins de sa destination, une société dans laquelle la *liberté sous des lois extérieures*[1] se trouvera liée, au plus haut degré possible, à une puissance irrésistible, c'est-à-dire une *constitution civile parfaitement juste*[2], doit être

1. Les lois sont « extérieures » parce qu'elles renvoient au domaine du droit, et non de la morale, cette dernière exigeant une obéissance intérieure à l'impératif catégorique.

2. Kant introduit ici l'idée d'une justice parfaite, impliquant la vertu des hommes politiques. Cette idée, qui sera présentée en tant que telle dans la sixième proposition, est problématique au regard de l'ensemble de l'opuscule puisqu'elle présuppose, pour que le droit se réalise, l'avènement de la morale.

pour l'espèce humaine la tâche suprême de la nature ; car la nature ne peut atteindre ses autres desseins, eu égard à notre espèce, que par la solution et l'accomplissement de cette tâche. C'est la détresse qui force l'homme, si épris par ailleurs de liberté sans frein, à entrer dans cet état de contrainte ; et, à vrai dire, c'est la plus grande des détresses, à savoir celle que les hommes s'infligent eux-mêmes les uns aux autres, leurs inclinations ne leur permettant pas de subsister longtemps les uns à côté des autres à l'état de liberté sauvage. Seulement, dans cet enclos que constitue l'association civile, ces mêmes inclinations produisent précisément par la suite le meilleur effet. Ainsi, dans une forêt, les arbres, justement parce que chacun essaie de ravir à l'autre l'air et le soleil, se contraignent réciproquement à chercher l'un et l'autre au-dessus d'eux, et par suite ils poussent beaux et droits, tandis que ceux qui lancent à leur gré leurs branches en liberté et à l'écart des autres poussent rabougris, tordus et courbés[1]. Toute culture et tout art dont se pare l'humanité, ainsi que l'ordre social le plus beau, sont des fruits de l'insociabilité, qui est forcée par elle-même de se discipliner et de développer ainsi complètement, par cet artifice imposé, les germes de la nature.

1. La courbure ici mentionnée est une métaphore de l'égoïsme, empruntée à Luther (1483-1546).

Sixième proposition[1]

Ce problème est en même temps le plus difficile, celui que l'espèce humaine résoudra en dernier. La difficulté, que la simple idée de cette tâche nous met déjà sous les yeux, est la suivante : l'homme est un animal qui, lorsqu'il vit parmi d'autres individus de son espèce, *a besoin d'un maître*. Car il abuse à coup sûr de sa liberté à l'égard de ses semblables ; et même s'il souhaite, en tant que créature raisonnable, une loi qui mette des bornes à la liberté de tous, son inclination animale et égoïste le conduit cependant à s'en excepter lui-même lorsqu'il le peut. Il a donc besoin d'un *maître* qui brise sa volonté particulière et le force à obéir à une volonté universellement valable, afin que chacun puisse être libre. Mais où prend-il ce maître ? Nulle part ailleurs que dans l'espèce humaine. Mais ce maître est, tout comme lui, un animal qui a besoin d'un maître. De quelque façon qu'il s'y prenne, on ne voit pas comment il peut se procurer un chef de la justice publique qui soit juste lui-même, qu'il le cherche dans une personne individuelle ou dans une société de plusieurs personnes sélectionnées à cet effet. Car chacune

1. Le contenu argumentatif de cette proposition est en nette rupture avec les propositions précédentes et avec celles qui suivront. Ici, la réalisation de la constitution civile « parfaitement juste » dépend de la « bonne volonté », c'est-à-dire d'une volonté bonne en elle-même, de laquelle est exclu tout mobile empirique.

d'elles abusera toujours de sa liberté si elle n'a personne au-dessus d'elle pour exercer à son égard une puissance légale. Mais le chef suprême doit être juste *par lui-même*, et cependant être un homme. Cette tâche est donc la plus difficile de toutes ; à vrai dire, sa solution parfaite est impossible[1] : le bois dont l'homme est fait est si courbe qu'on ne peut rien y tailler de bien droit. La nature nous contraint à ne faire que nous approcher de cette Idée*. Que cette Idée soit également celle qui est mise en œuvre le plus tardivement provient en outre du fait qu'il faut pour y parvenir des concepts exacts de la nature d'une constitution possible, une grande expérience exercée par de nombreux voyages à travers le monde, et, par-dessus tout, une bonne volonté préparée à accepter cette constitution ; trois éléments, toutefois, qu'on ne peut trouver réunis que très difficilement et, quand cela se produit, seulement de façon très tardive, après bien des tentatives vaines.

---

* Le rôle de l'homme est donc très difficile. Ce qu'il en est des habitants d'autres planètes et de leur nature, nous l'ignorons ; mais si nous menons à bien cette mission de la nature, nous pourrons certes nous flatter d'avoir droit à un rang peu négligeable parmi nos voisins dans l'édifice du monde. Peut-être chaque individu peut-il, chez ceux-ci, atteindre pleinement sa destination au cours de sa vie. Il en va autrement pour nous : seule l'espèce peut nourrir cette espérance.

1. Kant reprend ici l'image de la courbure. Parce que l'homme est radicalement mauvais, c'est-à-dire égoïste, la possibilité d'atteindre une « société administrant universellement le droit » semble sérieusement mise à mal dès lors qu'on la suspend au recours d'un maître « juste par lui-même ».

Septième proposition

Le problème de l'édification d'une constitution civile parfaite est lié au problème de l'établissement d'une relation extérieure légale entre les États, et ne peut être résolu sans ce dernier. À quoi bon travailler à une constitution civile légale entre individus particuliers, c'est-à-dire à l'organisation d'une communauté ? La même insociabilité, qui contraignait les hommes à travailler à cette constitution, est à son tour la cause du fait que toute communauté dans les relations extérieures, c'est-à-dire en tant qu'État en rapport avec d'autres États, jouit d'une liberté sans frein et que, par suite, un État doit s'attendre à subir de la part d'un autre exactement les mêmes maux qui pesaient sur les individus particuliers et les contraignaient à entrer dans un état civil conforme à la loi. La nature s'est donc à nouveau servi du caractère peu accommodant des hommes, et même du caractère peu accommodant des grandes sociétés et des corps politiques que forme cette espèce de créature, afin de forger, au sein de leur *antagonisme* inévitable, un état de calme et de sécurité. C'est dire que, par le truchement des guerres, de leur préparation excessive et incessante, par la détresse qui s'ensuit finalement à l'intérieur de chaque État, même en temps de paix, la nature pousse les États à faire des tentatives au début imparfaites, puis, finalement, après bien des désastres, bien des naufrages, après même un épuisement intérieur exhaustif de leurs forces, à faire ce que la raison aurait aussi bien pu leur dire sans qu'il leur en coûtât d'aussi tristes expériences, c'est-à-dire à sortir de l'absence de loi propre aux sauvages pour entrer dans une Société des Nations dans laquelle chaque État, même le plus petit, pourrait attendre sa sécurité et ses droits, non de sa propre force ou de sa propre appréciation du droit mais uniquement de cette grande Société des Nations *(Foedus Amphictyonum)*[1], c'est-à-dire d'une force unie et de la décision légale de la volonté unifiée. Si folle[2] que puisse paraître cette idée, et bien qu'on l'ait tournée en dérision en tant que telle chez un abbé de Saint-Pierre ou un Rousseau[3] (peut-être parce qu'ils en croyaient la réalisation toute proche), telle est pourtant bien l'issue inévitable de la détresse en laquelle les hommes se plongent eux-mêmes, et qui doit contraindre les États (si difficile que ce soit pour eux de s'en convaincre) à prendre précisément la même décision que celle que l'homme sauvage avait été contraint de prendre tout aussi à contrecœur, à savoir : renoncer à sa liberté brutale pour chercher le calme et la sécurité dans une constitution conforme à la loi. Ainsi, toutes les guerres sont autant de tentatives (non pas bien entendu dans l'intention des hommes, mais bien dans celle de la nature) pour mettre en place de nouvelles relations entre les États, pour former par la destruction des anciens, ou tout au moins par leur

1. La Société des Nations désigne une fédération d'États libres qui s'unissent selon le processus à l'œuvre dans la formation de la constitution de chaque État, c'est-à-dire par un antagonisme généralisé qui prend en l'occurrence la forme de la guerre.

2. Le terme allemand utilisé par Kant est *schwärmerisch*, doté d'un poids considérable dans la pensée allemande de l'époque : il faut comprendre que cette idée d'une paix perpétuelle entre les États peut apparaître à bon droit utopique.

3. Kant ne connaît l'abbé de Saint-Pierre, et son *Projet pour rendre la paix perpétuelle en Europe* (1713), que par le texte de Rousseau, *Extrait du projet de paix perpétuelle de monsieur l'abbé de Saint-Pierre.*

morcellement, de nouveaux corps qui cependant ne peuvent à leur tour se maintenir, soit en eux-mêmes, soit les uns à côté des autres — et doivent par conséquent subir de nouvelles révolutions semblables aux précédentes ; jusqu'à ce que, finalement, en partie grâce à la meilleure organisation possible de la constitution civile à l'intérieur, en partie grâce à une législation et une concertation communes à l'extérieur, un état de choses s'instaure qui, semblable à une communauté civile, pourra se maintenir de lui-même comme un automate[1].

Faut-il maintenant attendre d'un concours *épicurien*[2] de causes efficientes que les États, semblables aux atomes de matière, essaient en s'entrechoquant au hasard toutes sortes de configurations qui sont à leur tour détruites par de nouveaux chocs jusqu'à ce que, par hasard, une de ces configurations qui peut se maintenir dans sa forme réussisse finalement (heureux hasard dont l'éventualité semble bien difficile !) ? Ou bien doit-on plutôt admettre que la nature suit ici un cours régulier pour conduire peu à peu notre espèce du plus bas degré d'animalité jusqu'au degré suprême d'humanité, et cela à vrai dire par un art qui lui est propre, bien qu'il soit imposé à l'homme, et qu'elle développe ces dispositions originelles de façon tout à fait régulière sous l'apparent désordre de cet arrangement ? Ou bien préférera-t-on penser que, de ces actions et réactions des hommes, il ne résulte dans l'ensemble jamais rien, du

1. L'union des États doit se maintenir par une simple mécanique des forces. On perçoit, comme c'est très souvent le cas dans l'opuscule, la référence à la physique newtonienne.

2. Épicure (341-270 av. J.-C.) symbolise aux yeux de Kant l'abdéritisme, théorie selon laquelle l'histoire témoigne de l'absurdité du monde. Dans la physique d'Épicure, le monde résulte d'un choc des atomes. En la circonstance, recourir au modèle épicurien revient à faire dépendre la réunion des États en une société cosmopolitique d'un heureux hasard, par définition bien improbable.

moins rien de sage, que tout restera comme il a toujours été et que, par suite, on ne peut prévoir si la discorde, qui est si naturelle à notre espèce, ne nous préparera pas finalement un enfer de maux, si avancé que soit alors l'état des mœurs, en anéantissant peut-être à nouveau par une destruction barbare cet état d'avancement lui-même, ainsi que tous les progrès antérieurs de la culture[1] (un destin dont nous ne pouvons répondre sous le règne du hasard aveugle, auquel s'identifie en fait la liberté sans loi, tant qu'on ne place pas derrière elle un fil conducteur de la nature lié secrètement à quelque sagesse) ? Toutes ces hypothèses tournent au fond autour de la question suivante : est-il raisonnable d'admettre la *finalité* de l'organisation de la nature dans le détail et cependant l'absence de *finalité* dans l'ensemble ? Par conséquent, l'effet produit par l'état des sauvages, dépourvu de finalité, à savoir qu'il entravait dans notre espèce toutes les dispositions naturelles, mais que, finalement, par les maux dans lesquels il la plongeait, il la contraignait à sortir de cet état pour entrer dans une constitution civile au sein de laquelle peuvent être développés tous ces germes, la liberté barbare des États déjà édifiés le produit également. Car le fait d'employer toutes les forces des communautés à les armer les unes contre les autres, les désastres provoqués par la guerre et, plus encore, la nécessité de s'y tenir constamment prêt, entravent sans doute le processus de développement complet des dispositions naturelles, mais, en revanche, les maux qui en résultent forcent notre espèce à trouver une loi d'équilibre face à la résistance, en elle-même salutaire, que s'opposent du fait de leur liberté une multiplicité d'États vivant côte à

1. Allusion au point de vue eudémoniste de Mendelssohn (1729-1786), selon lequel tout progrès est contrebalancé par un déclin, de telle sorte que la civilisation puisse à tout moment définitivement sombrer.

côte, et à introduire une force unifiée qui donne du poids à cette loi et, par suite, une situation cosmopolitique de la sécurité publique des États, d'où tout danger ne soit pas exclu afin que les forces de l'humanité ne s'assoupissent pas complètement, mais qui n'aille pas non plus sans un principe d'*égalité* de leurs *actions* et *réactions mutuelles*, afin qu'elles ne se détruisent pas les unes les autres. Tant que ce dernier pas (à savoir l'association des États) n'est pas franchi, donc lorsqu'on ne se situe approximativement qu'à mi-chemin du développement de la nature humaine, celle-ci endure les maux les plus pénibles sous l'apparence trompeuse d'un bien-être extérieur ; et Rousseau n'avait pas tellement tort de préférer l'état des sauvages[1], dès lors qu'on excepte cette dernière étape que notre espèce doit encore gravir. Nous sommes hautement *cultivés* par l'art et la science. Nous sommes *civilisés*, jusqu'à en être accablés, pour ce qui est de l'urbanité et des bienséances sociales de tous ordres. Mais il s'en faut encore de beaucoup que nous puissions déjà nous tenir pour *moralisés*. Car l'idée de la moralité appartient encore à la culture[2] ; en revanche, l'usage de cette idée, qui aboutit seulement à une apparence de moralité dans l'honneur et la bienséance extérieure, constitue simplement la civilisation. Mais tant que des États consacreront toutes leurs forces à leurs visées expansionnistes vaines et violentes, tant qu'ils entraveront ainsi constamment le lent effort de formation interne du mode de pensée de leurs citoyens, leur retirant même tout soutien à cet égard, on ne peut s'attendre à aucun résultat de ce genre ;

1. Allusion aux développements que Rousseau a consacrés à l'homme à l'état de nature, tout particulièrement dans le *Discours sur l'origine et les fondements de l'inégalité parmi les hommes* (1755). Kant fut un très grand lecteur de Rousseau, qu'il qualifiait de « Newton du monde moral ».

2. La culture ne constitue qu'une étape de la destination du genre humain ; elle exige son propre dépassement dans la moralité.

car il faut pour cela un long travail intérieur de chaque communauté en vue de former ses citoyens. Mais tout bien qui n'est pas greffé sur une intention morale bonne n'est que pure apparence et faux clinquant. Le genre humain demeurera sans doute en cet état jusqu'à ce qu'il se soit, de la façon que j'ai indiquée, dégagé laborieusement de la situation chaotique qui caractérise les relations entre États.

Huitième proposition

On peut considérer l'histoire de l'espèce humaine dans son ensemble comme l'accomplissement d'un plan caché de la nature pour produire une constitution politique parfaite à l'intérieur et, dans ce but, également parfaite à l'extérieur, une telle constitution réalisant l'unique situation dans laquelle la nature peut développer complètement dans l'humanité toutes ses dispositions. Cette proposition est une conséquence de ce qui précède. On le voit, la philosophie pourrait bien avoir aussi son *millénarisme*, mais un millénarisme tel que l'idée qu'elle s'en fait peut elle-même favoriser, encore que de très loin seulement, son avènement et qui, par conséquent, n'est nullement fanatique. Il s'agit seulement de savoir si l'expérience nous dévoile quelque chose d'un semblable processus du dessein de la nature. Je dis : « un tant soit peu », car ce cycle semble exiger tellement de temps pour s'achever qu'à partir de la petite partie déjà parcourue par l'humanité à cet égard il semble tout aussi impossible de déterminer avec certitude la forme de sa trajectoire, et la relation des parties au tout, que de déterminer à partir des observations du ciel faites jusqu'à présent la course qu'accomplit notre soleil avec tout le cortège de ses satellites dans le grand système des planètes, quoique, à partir du fondement universel de la constitution systématique de l'édifice du monde, et avec le peu que l'on a observé, nous ayons toutefois assez de certitudes pour conclure à la réalité d'un tel cycle[1]. En attendant, la nature humaine implique la chose suivante : que l'on ne soit pas indifférent, même à l'égard de la période la plus éloignée que notre espèce doit atteindre, pourvu seulement qu'elle puisse être attendue avec certitude. En particulier, nous pouvons d'autant moins être indifférents dans notre cas qu'il semble que nous pourrions, par une préparation rationnelle qui serait notre propre fait, accélérer la venue de cet instant si heureux pour nos descendants. À ce titre, les faibles indices[2] de son approche sont pour nous très importants. Aujourd'hui, les États entretiennent déjà entre eux des relations qui sont à ce point l'effet de l'art qu'aucun d'entre eux ne peut relâcher sa culture intérieure sans perdre de sa puissance et de son influence vis-à-vis des autres ; par conséquent, le maintien, sinon le progrès, de cette fin de la nature est déjà pratiquement garanti par les desseins arrivistes des États. En outre : la liberté civile ne peut plus guère être attaquée sans que l'inconvénient s'en fasse ressentir dans tous les métiers, en particulier dans le commerce ; mais, du même coup, ce serait aussi les forces de l'État dans les relations extérieures qui s'affaibliraient. Or cette liberté s'étend peu à peu davantage. Lorsqu'on empêche le citoyen de rechercher son bien-être par tous les moyens qu'il juge bons, avec la seule réserve qu'ils soient compatibles avec la liberté d'autrui, on entrave la vitalité de l'entreprise générale et par suite, à leur tour, les forces de l'ensemble. C'est pourquoi la limitation des

---

1. Kant compare le cycle du progrès humain à la trajectoire du Soleil dans le système planétaire. De même qu'il est difficile pour l'astronome de déduire d'observations limitées l'ensemble de la course accomplie par le Soleil dans un système infini, de même il est ardu de déduire du très court chemin réalisé par l'humanité la forme de sa trajectoire, dont le terme est si éloigné.

2. Les minces données empiriques témoignant du progrès de l'humanité autorisent à poser sa réalité. Le fil conducteur de l'historien philosophe est donc légitimé empiriquement.

faits et gestes des personnes est toujours davantage levée, et la liberté universelle de religion accordée ; ainsi jaillissent peu à peu, encore entremêlées de folies et de chimères, *les lumières* ; c'est là un grand bien que le genre humain doit tirer même de la soif égoïste d'expansion qui est celle de ses chefs, pourvu seulement que ceux-ci comprennent leur propre intérêt. Or ces lumières, et avec elles aussi un certain attachement que l'homme éclairé ne peut éviter de témoigner à l'égard du bien qu'il comprend parfaitement, doivent peu à peu parvenir jusqu'aux trônes, et même avoir de l'influence sur leurs principes de gouvernement. Ainsi par exemple, bien que jusqu'à présent nos gouvernements ne trouvent jamais d'argent à consacrer pour des établissements d'enseignement public, et, d'une manière plus générale, pour tout ce qui concerne le bien commun, parce que tout est déjà dépensé par avance en vue de la guerre à venir, ils finiront cependant par trouver leur propre intérêt dans le fait de ne pas, du moins, entraver les efforts, sans doute lents et faibles, que leurs peuples accomplissent à titre privé dans ce domaine. Enfin, la guerre elle-même cesse peu à peu d'être seulement une entreprise très ingénieuse et très incertaine quant à l'issue pour les deux camps, mais elle devient en outre, du fait des séquelles que ressent l'État écrasé sous le poids grandissant des dettes (cette nouvelle invention) dont l'amortissement devient imprévisible, une entreprise si lourde de conséquences, et l'influence que l'ébranlement d'un seul État produit sur tous les autres, tant ils sont liés indissolublement par l'industrie dans notre continent, devient si remarquable que, pressés par le danger qu'ils représentent eux-mêmes, les États, bien qu'ils ne soient pas parés du prestige de la légalité, s'offrent comme arbitres, faisant ainsi par avance tous les préparatifs nécessaires à l'avènement d'un grand corps politique futur dont le monde passé ne peut fournir aucun exemple. Bien que ce corps politique n'existe encore pour l'instant qu'à l'état d'ébauche très grossière, un sentiment se fait déjà pour ainsi dire jour chez tous ses membres qui chacun tiennent à la conservation du tout : et cela donne l'espérance qu'après maintes révolutions survenues dans cette transformation parviendra finalement un jour à s'établir ce que la nature a pour dessein suprême d'établir, à savoir une *situation cosmopolitique* universelle[1] comme foyer au sein duquel se développeraient toutes les dispositions originelles de l'espèce humaine.

1. Kant écrit bien situation, ou état (l'allemand dit *Zustand*), et non État, ce qui laisse ouverte la question de l'incarnation de cette idée cosmopolitique dans un système juridico-politique.

Neuvième proposition

Une tentative philosophique pour traiter l'histoire universelle selon un plan de la nature qui vise à l'unification politique parfaite dans l'espèce humaine doit être considérée comme possible, et même comme favorable à ce dessein de la nature. C'est sans doute un projet étrange, et selon l'apparence, absurde, que de vouloir composer une *histoire* d'après une Idée du cours que le monde devrait suivre s'il était adapté à certains buts raisonnables ; il semble qu'avec une telle intention on ne puisse aboutir qu'à un *roman*. Toutefois, s'il nous est permis d'admettre que la nature, même dans le jeu de la liberté humaine, ne procède pas sans plan ni dessein final, cette Idée pourrait bien devenir utilisable. Et, bien que nous ayons une vue trop courte pour pénétrer le mécanisme secret de son organisation, cette Idée pourrait cependant nous servir de fil conducteur pour présenter, du moins dans l'ensemble, comme un *système* [1], ce qui sans cela resterait un *agrégat* d'actions humaines dépourvu de plan. En effet, si nous partons de l'histoire *grecque* — car c'est par elle que toutes les autres histoires, antérieures ou contemporaines, nous sont conservées, ou tout du moins, c'est à

1. La notion de système est ce qui confère une unité au devenir humain, ce sans quoi les manifestations du vouloir apparaîtraient disparates, donc absurdes.

partir d'elle qu'on peut les conjecturer* —, si l'on suit son influence sur la formation et les malformations du corps politique du peuple *romain* qui a absorbé l'État grec, puis l'influence du peuple romain sur les *Barbares* qui, à leur tour, le détruisirent, pour en arriver jusqu'à notre époque ; si, en cela, on prend également en compte *épisodiquement* l'histoire politique d'autres peuples telle que la connaissance nous en est parvenue peu à peu, précisément par l'intermédiaire de ces nations éclairées, on découvrira un cours régulier dans l'amélioration de la constitution politique sur notre continent (qui vraisemblablement donnera un jour des lois à tous les autres). En outre, si l'on concentre son attention uniquement sur la constitution civile et ses lois d'une part, et d'autre part sur les relations internationales, dans la mesure où ces deux éléments ont servi, pendant un certain temps, par ce qu'ils renfermaient de bon, à élever les peuples (et avec eux aussi les arts et les sciences) et à les glorifier, mais aussi, par leurs aspects défectueux, à précipiter leur chute — d'une façon telle, cependant, qu'il subsistait toujours un germe de lumières qui, développé davantage par chaque révolution, préparait une étape plus élevée dans la voie de l'amélioration —, on découvrira, je crois, un fil conducteur qui ne sera pas seulement utile à

---

* Seul un *public savant*, qui, depuis son apparition jusqu'à nous, a continué d'exister sans interruption, peut garantir l'histoire ancienne. En dehors de lui, tout est *terra incognita* ; et l'histoire des peuples qui vivaient en marge de lui ne peut être entreprise qu'à partir du moment où ils y sont entrés. C'est ce qui arriva avec le peuple *juif* à l'époque des Ptolémées, grâce à la traduction grecque de la Bible, sans laquelle on n'accorderait que peu de crédit à leurs récits *isolés*. À partir de ce moment (lorsque ce point de départ est préalablement bien établi), on peut poursuivre en amont le fil de leurs récits. Et de même pour les autres peuples. La première page de Thucydide (dit Hume[1]) est l'unique début de toute histoire véridique.

1. Thucydide (vers 460-395 av. J.-C.) : historien grec. Hume (1711-1776) : philosophe écossais.

l'explication du jeu confus des affaires humaines, ou à la prophétie politique des transformations futures (profit qu'on a déjà tiré d'autre part de l'histoire des hommes, alors même qu'on la considérait comme l'effet incohérent d'une liberté sans règle !), mais qui ouvrira (ce que l'on ne peut avoir des raisons d'espérer si l'on ne présuppose pas un plan de la nature) une perspective consolante sur l'avenir, où l'espèce humaine est représentée dans une ère très lointaine comme travaillant cependant à s'élever enfin à un état où tous les germes que la nature a placés en elle pourront être complètement développés, et sa destination ici-bas pleinement accomplie. Une telle *justification* de la nature — ou mieux, de la *Providence* — est un motif non négligeable pour choisir un point de vue particulier dans la contemplation du monde. Car à quoi bon vanter la magnificence et la sagesse de la création dans le domaine de la nature d'où la raison est absente, à quoi bon recommander cette contemplation si la partie de la vaste scène de la sagesse suprême qui précisément contient le but de tout le reste — à savoir l'histoire de l'espèce humaine — doit demeurer une éternelle objection dont la vue nous contraint, à contrecœur, à détourner les yeux de ce spectacle et nous conduit, désespérés d'y jamais rencontrer un dessein rationnel parfait, à n'espérer celui-ci que dans un autre monde.

Croire que j'ai voulu, avec cette Idée d'une histoire du monde qui possède dans une certaine mesure un fil conducteur *a priori*, écarter l'étude de l'histoire proprement dite conçue de façon seulement *empirique*, serait se méprendre sur mon intention ; j'ai simplement pensé à ce qu'une tête philosophique (qui, d'autre part, devrait être très avertie des problèmes historiques) pourrait encore entreprendre d'un autre point de vue. En outre, la minutie, d'autre part fort louable, avec laquelle nous rédigeons maintenant l'histoire de notre temps, doit malgré tout faire naître naturellement en chacun une inquiétude : comment nos descendants éloignés s'y prendront-ils pour soulever le fardeau de l'histoire que nous serons en mesure de leur laisser d'ici quelques siècles ? Sans nul doute, ils évalueront celle des temps les plus reculés, dont les documents devront certainement être pour eux perdus depuis longtemps, du seul point de vue qui les intéresse, c'est-à-dire du point de vue de ce que des peuples ou des gouvernements ont accompli de positif ou de négatif sur le plan cosmopolitique. Mais prendre en vue une telle considération, de même que l'ambition des souverains aussi bien que celle de leurs serviteurs, pour attirer leur attention sur l'unique moyen qu'ils ont de transmettre un glorieux souvenir à la postérité, voilà qui peut bien être encore un petit motif supplémentaire pour tenter une telle histoire philosophique.

Du tableau

au texte

Christine Cadot

Du tableau au texte

George Washington Carver Crossing the Delaware : Page from an American History Textbook
de Robert Colescott

... l'éducation à la foi patriotique...

Parmi les œuvres fondatrices de l'identité artistique et politique des États-Unis, il en est qui marquent l'imaginaire collectif de façon plus ou moins durable. Lorsque Emmanuel Leutze, peintre américain d'origine allemande, réalise en 1851 *Washington Crossing the Delaware*, une fresque historique en hommage à l'action héroïque de George Washington, premier président de la République américaine, il veut montrer à sa façon que la Révolution américaine est un modèle pour toutes les révolutions libérales à venir.

Dans des embarcations de fortune sont regroupés tous les symboles du patriotisme américain, au premier rang desquels se dressent la figure imposante d'un commandant audacieux, la bannière étoilée (le *Stars and Stripes* comporte les traditionnelles treize bandes, mais seulement treize étoiles réunies en cercle sur son canton, représentant ici la nouvelle constellation des treize États insurgés américains), et douze hommes à bord, dont un soldat noir à la barre, nous tournant le dos. Le commandant en chef des troupes insurgées américaines est représenté debout, à la tête d'une flottille d'embarcations trop petites, traversant la rivière Delaware prise par les glaces du rude hiver 1776. La bataille de Trenton marque le début d'une série de combats victorieux pour les insurgés pendant la guerre d'Indépendance. Washington s'y illustre en dirigeant l'armée continentale contre la garnison mercenaire allemande alliée des Anglais, prise à revers par cette traversée audacieuse. Peu importe, dans ce gigantesque tableau, que la bannière américaine ait été représentée par Leutze de manière anachronique puisque le drapeau américain ne fut créé qu'en 1777 : en l'absence de codification officielle, les révolutionnaires américains combattaient sous une multitude de bannières et d'emblèmes. C'est en fait bien davantage l'intensité dramatique de la scène qui retient l'attention du citoyen du XIXe siècle, celle-là même qu'il retrouve dans les manuels scolaires, à travers la narration des événements de la Révolution américaine dont il a été abreuvé pendant sa jeunesse. Ces récits, outils privilégiés de l'éducation à la foi patriotique, reprennent en chœur l'épisode mythique de la traversée courageuse, relaté par Samuel G. Goodrich en 1793 dans *A Pictural History of the United States* : « Au milieu de la fatigue et du découragement général [...] Washington était serein et confiant. Confiant dans la justesse de la cause qu'il épousait. » L'exercice de rédaction demandé aux élèves — « Comment Washington nous apparaît-il dans ces circonstances ? » — trouve une réponse attendue dans le tableau de Leutze. La traversée de Washington se raconte, dans la peinture et dans les manuels scolaires, comme une histoire qui doit réaliser l'avènement de l'idéal universaliste des Lumières et des libertés républicaines.

... rendre compte de façon ironique des tâtonnements de la raison...

C'est sur cet épisode précis de la Révolution américaine que le peintre afro-américain Robert Colescott fait reposer sa parodie la plus célèbre, *George Washington Carver Crossing the Delaware,* issue d'une série de tableaux intitulés *What if...* (« Et si... ») et prenant à contre-pied l'histoire officielle de la République américaine, comme le sous-titre choisi pour ce tableau le laisse entendre (*Page from an American History Textbook*). Cette relecture de l'un des tableaux les plus connus de la peinture d'histoire américaine, réalisée en 1975, est une œuvre de protestation évidente, qui s'approprie le tableau de Leutze pour en détourner la signification originelle. Si, en 1851, Leutze utilise le langage convenu de la peinture d'histoire pour héroïser la portée de l'action révolutionnaire américaine, Colescott en déforme l'usage pour traduire de façon ironique les tâtonnements de la raison, rendus moins visibles par le vocabulaire universaliste des révolutions républicaines de la fin du XVIIIe siècle. En effet, comment expliquer que les déclarations républicaines (en France comme aux États-Unis) qui affirment l'universalisme des droits politiques individuels, au nom d'un droit pour tous à la liberté et à l'égalité, aient pu s'accommoder si longtemps de la domination de certaines catégories politiques sur d'autres (ici, sur la catégorie de « Noir », mais nous pourrions en citer bien d'autres), destinées à être « les œufs de l'omelette » républicaine ? C'est que, comme le laisse entendre Kant, l'idée que l'humanité progresse vers le « mieux » ne doit pas conduire à un optimisme hors de propos.

... une représentation colorée des promesses non tenues de la modernité politique...

Kant met en garde les philosophes de l'histoire. Si nous considérons d'abord la brièveté de l'existence, alors, ce n'est pas à l'aune de la seule vie humaine, fût-elle celle des Pères fondateurs de la République américaine, que l'on peut déceler quelle serait la finalité naturelle qui préside au développement progressif de l'humanité : « [La raison] n'agit cependant pas elle-même de façon instinctive mais elle a besoin du tâtonnement, de l'exercice, de l'enseignement, afin de progresser peu à peu d'un degré d'intelligence à un autre » (deuxième proposition). Ce n'est pas un homme providentiel, si sage et raisonnable soit-il, qui peut guider l'humanité vers la découverte des desseins de la nature. Il nous est pourtant facile de trouver plus près de nous, au XXe siècle, les stigmates de ces nombreuses prétentions à la connaissance des plans cachés de la nature, à l'échelle d'un homme, d'un empire, d'un parti ou d'une nation : « L'histoire humaine, dans la mesure où elle aspire à la grandeur, a toujours exigé d'énormes sacrifices. Aussi grandiose qu'elle puisse paraître aux yeux des fanatiques de l'Histoire, cette grandeur avait des applications concrètes qui coïncidaient étonnamment avec la pseudo-sagesse de proverbes populaires de la tradition occidentale, tels que "on fait des copeaux en rabotant" et "on ne fait pas d'omelette sans casser des œufs" […] sur le fond de croyances communément partagées et acceptées concernant la nature de l'Histoire et les normes de l'action politique, on distingue mieux les difficultés d'une résistance morale aux pratiques totalitaires » (Hannah Arendt, « Les œufs se rebiffent », in *La philosophie de l'existence et autres essais*). Si la philosophe Hannah Arendt fait ici allusion aux purges de la période stalinienne, elle pointe surtout les limites et les contradictions de la modernité. Si la modernité politique se définit comme l'ensemble des conditions philosophiques, historiques et sociales qui permettent à l'humanité de s'émanciper de la tradition et de la doctrine (religieuses notamment) par l'usage de la raison, alors il faut bien reconnaître que cette même raison s'est non seulement montrée incapable de déterminer des fins universalisables, mais qu'elle a de plus été souvent utilisée comme outil de légitimation des plus violents asservissements. Ce qu'a peint Robert Colescott est une représentation colorée des promesses non tenues de la modernité politique, au premier rang desquelles la liberté et l'égalité proclamées de groupes pourtant dominés et maintenus en esclavage.

... un rafiot rempli des stéréotypes du « nègre » américain...

Lorsque Robert Colescott détourne le tableau de Leutze en 1975, le mouvement des Droits civiques a déjà obtenu depuis une dizaine d'années la fin de la ségrégation aux États-Unis. Mais les émeutes raciales restent nombreuses et le mouvement retrouve de la vigueur grâce à la mobilisation d'organisations de défense des droits des populations amérindiennes. La peinture figurative, à laquelle Fernand Léger l'encouragea lors d'un séjour d'étude à Paris en 1949, lui semble être un style particulièrement adapté à la condamnation qu'il adresse en premier lieu aux artistes américains. Cette critique est en effet d'abord relative à la place occupée jusque-là par les Afro-Américains dans l'art américain, à la fois en tant que sujets et artistes stigmatisés et moqués. Mais ces mécanismes de domination révèlent surtout que les mondes artistiques ne sont pas imperméables aux phénomènes de domination qui existent au sein du monde politique. Colescott dénonce ici plus largement une doctrine du progrès qui crée ou maintient des hiérarchies sociales au nom même de la raison émancipatrice. Pour figurer le premier président américain George Washington, Colescott choisit le biologiste George Washington Carver, non seulement pour conserver la proximité du titre original du tableau, mais également parce qu'il est le premier botaniste et agronome afro-américain, né esclave au début des années 1860. Debout sur l'embarcation de fortune, l'ancien esclave a revêtu les habits du général et traverse la rivière entouré d'un équipage pour le moins joyeux et coloré, exclusivement composé d'Afro-Américains. Aucune autre embarcation n'est visible à l'arrière-plan du tableau. Aucune bataille héroïque ne s'annonce. La barque n'est pas menacée par les glaces. Le rafiot de Carver, chargé des stéréotypes les plus grossiers du « nègre » américain, traverse donc en musique une rivière cotonneuse. Les soldats de Washington ne sont plus les Pères fondateurs ou les héros d'une bataille pour l'Indépendance, mais les caricatures grossières d'artistes afro-américains ou de figures populaires, une sorte de *Nef des fous* des temps modernes — au sens proprement philosophique du terme — qui voit défiler tous les vices que les préjugés attachent généralement à ces *colored people,* y compris bien sûr dans le champ artistique.

… la représentation de ceux qui ont été exclus…

Dès son plus jeune âge, Robert Colescott se montre très sensible à ces débats sur la représentation des Noirs dans les domaines culturel et artistique. Son père, un musicien de jazz, joue parfois avec le jeune Louis Armstrong, qui s'engage pendant l'entre-deux-guerres dans le mouvement *Harlem Renaissance.* Ce mouvement, d'une extraordinaire vitalité et diversité, entend promouvoir la culture afro-américaine à travers les arts et la littérature, et abolir la ségrégation et les préjugés raciaux auxquels les Afro-Américains sont confrontés au quotidien. Or, c'est en se réappropriant et en détournant une œuvre artistique fondatrice de l'identité républicaine américaine que Colescott critique les récits prometteurs et les images d'une modernité politique mise en scène par les Blancs. Le peintre place à l'avant de la barque un pêcheur hilare, Stepin Fetchit, acteur récurrent de nombreux films américains des années 1930, portrait de l'esclave fainéant et superstitieux, à peine capable de parler et encore moins d'écrire, dans un genre qui fut spécifiquement appelé *coon caricature,* abréviation de l'anglais *raccoon,* « le raton-laveur ». Au milieu du rafiot se tient la seule femme à bord : *Tante Jemima,* souvent perçue comme le pendant féminin de l'Oncle Tom, une « mammy » hilare et servile, dont la figure et l'imposante silhouette décorent les paquets de farine américains au début du XXe siècle. Un peu plus loin, vers l'arrière du bateau, un cireur de chaussures, un ivrogne et un joueur de banjo. Si Colescott échange les rôles et la couleur des peaux entre révolutionnaires blancs et dominés noirs, il conserve en revanche la représentation caricaturale que les artistes blancs donnent à voir des Noirs américains, celle d'individus déshumanisés par leurs supposées faiblesses constitutives (*Stepin Fetchit*), doublées parfois des faiblesses ou traits de caractère supposés propres à leur genre (*Tante Jemima*). En s'appropriant les classiques de la peinture, Colescott renvoie donc en miroir la représentation de ceux qui en ont été exclus (Afro-Américains, femmes...), réflexion qui s'exerce en plaçant au centre du tableau les stéréotypes mêmes au nom desquels l'exclusion a été pratiquée. L'artiste opère d'ailleurs la même métamorphose lorsqu'il réinterprète, dans les années 1980, d'autres œuvres iconiques des maîtres européens : Pablo Picasso et ses *Demoiselles d'Avignon*, qui deviennent les *Demoiselles d'Alabama*, mais aussi d'autres toiles parmi les plus connues de Francisco de Goya, Henri Matisse, Jan Van Eyck... L'artiste les détourne par des perspectives déformées, en resituant des corps féminins recolorés dans des œuvres qui doivent beaucoup à l'influence du Pop Art et de la bande dessinée américaine.

... *« Tout le monde a aimé et tout le monde a détesté »*...

La tension à laquelle Colescott répond, et qui lui vaudra autant de critiques de la part d'Afro-Américains (« Tout le monde a aimé et tout le monde a détesté », dira l'artiste à l'occasion de la Biennale de Venise, où il est le premier artiste afro-américain à exposer pour le compte des États-Unis en 1997), est celle qui parcourt également la littérature noire américaine lorsque ses auteurs sont confrontés à la narration d'un monde jusque-là essentiellement imagé. Cette peinture, illustrant la page d'un manuel d'histoire d'un genre nouveau, est là aussi pour rappeler que la littérature portant sur la communauté noire américaine, qu'elle soit d'essai ou de fiction, est, plus qu'une autre, prolongée par l'image (peinture, gravure ou photographie). Lorsqu'elle est représentée artistiquement, la catégorie politique de « Noir » est en effet marquée par une surabondance d'images touchant le plus souvent aux corps. Celles-ci lui confèrent une visibilité artistique qui contribue à la construction de caractères prétendus « naturels » ou « essentiels » qui légitimeraient toute entreprise de domination. Bien au-delà des œuvres de Colescott, d'autres auteurs afro-américains ont adopté des stratégies de réappropriation d'archétypes littéraires et iconiques, ou ont proposé une littérature du traumatisme qui tente de rendre visible une réalité non encore décrite. À partir des *topoï* (des lieux communs) de l'esclavage, Charles Johnson dans *Middle Passage* (1990) ou Toni Morrison dans *Beloved* (prix Nobel de littérature en 1987) ont écrit des romans singuliers qui présentent une interprétation nouvelle du passé esclavagiste. Dans le domaine littéraire et artistique, les auteurs et artistes afro-américains se confrontent à l'idée d'une création nécessairement atrophiée : comment, en effet, faire surgir des images ou des textes inédits dans un univers d'une désespérante familiarité ?

Très critiquée pour faire la part trop belle à des représentations caricaturales que d'autres artistes afro-américains veulent voir disparaître, cette nef des fous de Colescott doit conduire à une réflexion plus large sur la raison occidentale et sa constitution en négation de la folie, c'est-à-dire, en termes kantiens, en négation de l'animalité : « En donnant à l'homme la raison ainsi que la liberté du vouloir qui se fonde sur elle, [la nature] indiqua déjà clairement son dessein en ce qui concerne la dotation de l'homme » (troisième proposition).

... Un sacrifice nécessaire des générations antérieures ?...

En détournant l'image d'une traversée navale que des passagers noirs effectuent entassés dans une embarcation de fortune, Colescott prend également le risque de se confronter de nouveau à l'image et à la condition sociale assignées à la communauté noire, héritée du *middle passage* (« commerce triangulaire »), renvoyant évidemment à la traite négrière opérée entre côtes africaines, européennes et américaines. L'appropriation du tableau de Leutze n'est pas un hommage, encore moins une imitation respectueuse. Il s'agit de faire un acte subversif, qui met en scène dans nos imaginaires ce que Herder, critique de Kant, décrira comme la « gloriole » européenne. Cette gloriole européenne de la « découverte de l'Amérique » est en réalité celle de la conquête de l'Amérique et de l'exploitation des esclaves et des Indiens par les Européens. Si le progrès procède du sacrifice de générations antérieures en vue de réaliser les plans cachés de la nature (troisième proposition), alors, nous dit Herder dans *Idées pour la philosophie de l'histoire de l'humanité*, « elle eût été faible et puérile, la Mère créatrice qui aurait fondé la seule véritable destination de ses enfants — être heureux — sur les rouages artificiels de quelques tard venus et aurait attendu de leurs mains le but de la création terrestre [...]. Ô hommes de tous les continents, disparus depuis des éternités, vous auriez donc vécu et engraissé la terre de votre cendre simplement pour qu'à la fin des temps vos descendants trouvent leur bonheur dans la civilisation européenne [...] ? Elle est donc vaine, la gloriole de la mainte populace européenne lorsque, sous le rapport de ce qu'on appelle progrès des Lumières, art et science, elle se place au-dessus de tous les trois continents et, tout comme le fou bien connu, considère les vaisseaux dans le port et toutes les inventions de l'Europe comme étant à elle pour l'unique motif qu'elle est née au confluent de ces inventions et traditions ». Dans la perspective occidentale d'un temps linéaire, le progrès tel que le conçoit le siècle des Lumières, celui de la raison qui s'exprimerait au fil des générations, continue de poser problème aux théoriciens de la justice.

Le texte en perspective

Heidi Barré

Les mots du texte

Histoire, dessein de la nature, insociable sociabilité, cosmopolitisme

C'EST EN 1784 QUE PARAÎT l'*Idée d'une histoire universelle au point de vue cosmopolitique*, c'est-à-dire dans les années qui séparent la première édition de la *Critique de la raison pure* (1781) de la publication de la *Critique de la raison pratique* en 1788. La situation de l'opuscule révèle une approche conjointe de la nature et de la liberté, à l'étude desquelles s'attachent respectivement la première et la seconde *Critique*, et annonce la synthèse qu'accomplira la *Critique de la faculté de juger* en 1790. Dans l'*Idée*, l'histoire est abordée d'un point de vue qui n'est pas celui de la morale et il semble même au premier abord que Kant y mette entre parenthèses la liberté et la raison humaines, l'histoire s'accomplissant en quelque sorte mécaniquement, justifiant la nature dans ses fins. Pourtant, et comme l'annonce Kant dès le début de l'opuscule, « l'histoire se propose de raconter [les] manifestations phénoménales [de la liberté du vouloir] », celle-ci étant, il est vrai, « déterminée selon des lois universelles de la nature, exactement au même titre que tout autre événement naturel ». Proposition on ne peut plus paradoxale qui révèle en réalité une véritable tension entre, d'une part, les fins de la nature, comme si le devenir humain était soumis à un vouloir étranger à sa conscience, celui de la Providence, et, d'autre part, la capacité dont disposeraient malgré tout les hommes à inscrire leur liberté dans la nature. On tâchera d'examiner comment l'histoire apparaît comme le lieu de synthèse de la nature et de la liberté en révélant, par-delà le chaos apparent des événements, un sens en lequel s'accordent les fins de la nature et les fins de la liberté, dont la forme politique ultime est le cosmopolitisme.

1.

Histoire

1. *L'objet de l'histoire*

L'histoire porte sur les actions pléthoriques des hommes, sur la manière qu'ont ceux-ci d'inscrire un devenir dans la nature, entendons ici le réel, c'est-à-dire l'ensemble des phénomènes perceptibles et connaissables par la conscience. Or cette réalité ressemble fort à ce que Montaigne décrivait comme une « branloire perenne ». Le monde dans lequel évoluent les hommes et qu'ils contribuent à forger, que ce soit volontairement ou malgré eux (il faudra préciser ce jeu de la liberté avec le monde), s'apparente en effet, pour le spectateur au regard peu affûté, à un chaos. Le sens semble y faire défaut. On recense des batailles, des luttes intestines, des passions destructrices, si bien que l'on peut être tenté de se résigner à ne voir dans tout cela qu'une mauvaise farce, sorte de pièce de théâtre tour à tour burlesque et tragique dans laquelle les êtres humains seraient par avance condamnés. Kant, au début de l'opuscule, décrit en des termes inspirés d'une esthétique baroque cette « grande scène du monde » saturée de violence avec laquelle ne semblent pas pouvoir rivaliser les quelques « manifestations de sagesse » perceptibles ici ou là, de telle manière qu'on ne voit pas quel sens pourrait se dégager de ce « tissu de folie ». Or l'histoire, indiquait Kant plus haut, se propose pourtant de « raconter [les] manifestations phénoménales » de la liberté du vouloir. Il ne saurait donc être question de demeurer dans la posture du spectateur consterné et désabusé, mais plutôt de rechercher malgré tout le sens qui sous-tend toutes ces actions des hommes en apparence désordonnées. L'enjeu est de taille, et il convient d'insister sur ce point, parce que Kant refuse de s'en remettre à la garantie de la foi, qui sublime le désordre par le recours à la transcendance et qui, par là, introduit dans le réel des assertions métaphysiques tout à fait injustifiées, dogmatiques, puisque ne faisant pas l'objet d'une expérience possible (tel est le sens de la révolution critique achevée par Kant). Nous aurons l'occasion de revenir sur ce point, mais il faut d'emblée souligner le fait que l'*Idée d'une histoire universelle au point de vue cosmopolitique* ne peut être lue comme une énième justification de la Providence. Il ne s'agit pas, pour Kant, de noyer l'idiosyncrasie des actions humaines, ce qu'elles expriment de raison et de liberté — quand bien même cette raison et cette liberté ne seraient pas encore totalement révélées à la conscience —, dans un sens objectif les déterminant par avance. Mais par ailleurs, et puisque l'on ne peut que constater le désordre à l'œuvre sur la grande scène du monde, il faut aussi se garder de tomber dans un écueil qui serait préjudiciable à la raison, pourvoyeuse de questions qui, à défaut de pouvoir trouver un point d'achoppement dans le réel, n'en demeurent pas moins légitimes, à savoir le renoncement pur et simple à la quête de sens. Si Kant constate lui-même « la marche absurde des choses humaines », il refuse cependant de se réfugier dans un scepticisme et un pessimisme tentants pour celui qui rompt avec l'histoire du Salut. Mais comment dépasser ce double écueil, celui du dogmatisme, d'une part, qui recourt de façon illégitime à une Providence arrêtant par avance le cours des actions humaines, celui du scepticisme, d'autre part, qui renonce à l'exigence de sens posée par la raison ?

D'un côté, la nature se déploie selon un plan défini par une Intelligence supérieure, réduisant les hommes à un rôle de marionnettes agitées par une finalité définie d'avance. De l'autre, la grande scène du monde s'apparente à un spectacle absurde où s'affrontent les libertés aveugles des hommes. Or, précisément, si la liberté humaine est aveugle, elle n'en est pas moins réelle. Elle est le signe d'une capacité proprement humaine à dépasser les déterminations naturelles, ce pourquoi on ne saurait aborder l'histoire des hommes à la manière du naturaliste retraçant l'histoire des abeilles ou des castors. À strictement parler, les animaux n'ont pas d'histoire. Mus par leur instinct, ils accomplissent un plan concerté. Dénués de toute raison, ils ne s'écartent pas des lois de la nature. L'homme, quant à lui, s'il a bien un pied dans la nature, dispose cependant de la capacité à s'arracher à la naturalité. Son existence n'est pas strictement phénoménale (d'ordre sensible), mais aussi nouménale, c'est-à-dire irréductible à l'empiricité au sein de laquelle il inscrit pourtant son devenir. L'histoire se présente ainsi, à l'image de l'homme, comme ce lieu où se rencontrent le naturel et le normatif, l'empirique et le métaphysique, la dynamique des forces à l'œuvre dans le monde et le pouvoir de poser des fins morales. Or, si la liberté est le signe de l'humain et que celle-ci relève d'un univers inconnaissable à l'entendement humain, une question mérite alors d'être posée : comment cette liberté peut-elle inscrire ses effets dans une nature qui lui est hétérogène ?

2. *Un lieu de signes*

À première vue, l'histoire semble se dérouler selon un processus strictement naturel, duquel semblent exclues la liberté et la raison humaines. Toutefois, et puisqu'il s'agit bien pour Kant de faire l'histoire des hommes (on verra en réalité qu'il est moins question dans l'opuscule de l'histoire des hommes que de l'histoire de l'humanité), il faut faire droit à leur capacité d'inscrire leur liberté dans le monde phénoménal. Autrement dit, il s'agit pour le philosophe de penser la réalisation de la liberté dans la nature, ce qui revient à tâcher de saisir comment la liberté se phénoménalise. De ce point de vue, l'*Idée* anticipe sur le problème du passage entre liberté et nature tel qu'il sera thématisé dans la *Critique de la faculté de juger* en 1790. La philosophie kantienne de l'histoire se situe donc au point central du système critique de la philosophie, puisqu'en elle est préfigurée la liaison de la philosophie théorique, axée sur la nature en tant qu'objet de connaissance physico-mathématique (*Critique de la raison pure*), et de la philosophie pratique, portant sur la liberté comme capacité à poser des fins morales (*Critique de la raison pratique*). Ce que la première *Critique* laissait en plan, dans le cadre de la troisième antinomie et dont la solution consistait à distinguer le déterminisme des phénomènes et l'existence nouménale de la liberté, la philosophie de l'histoire le reprend en posant le problème de leur synthèse. Si l'homme doit être pensé sous un double aspect, comme être empirique, d'une part, et comme être intelligible, d'autre part, il s'agit encore de comprendre ce que peut signifier l'inscription de la liberté dans l'ordre des phénomènes. Puisqu'on ne peut s'en tenir à une simple histoire empirique qui ne ferait que recenser les multiples actions des hommes, se réduisant *in fine* à une collection de gestes désordonnés, puisqu'il faut sauver le sens, alors il est nécessaire de relier les événements entre eux de façon à aboutir à un récit cohérent. Pour parvenir à cette cohérence, la raison sera mobilisée dans son usage légitime, c'est-à-dire régulateur. Celui-ci consiste à poser une orientation dans la recherche selon des fins qui, si elles ne sont pas objectives, fournissent cependant un horizon de sens permettant d'échapper au scepticisme menaçant le philosophe qui se refuse à recourir à la Providence pour justifier le chaos observable. Sans renoncer au déterminisme de la nature ni à la liberté qui confère à l'homme sa dignité, il s'agira pour Kant de montrer que nous pouvons espérer que le désordre n'est qu'apparent et que derrière les guerres, les conflits passionnels, les vices des hommes, se profile une destination réconfortante. L'histoire peut ainsi être comprise comme le lieu de signes consolateurs laissant présager des temps meilleurs pour l'humanité, où celle-ci aura pleinement réalisé les dispositions inscrites en elle.

3. *La réalisation du droit comme fin de l'histoire*

Repartons de la définition de l'histoire proposée par Kant au début de l'opuscule : « Quel que soit le concept que, du point de vue métaphysique, on puisse se faire de la *liberté du vouloir*, il reste que les *manifestations phénoménales* de ce vouloir, les actions humaines, sont déterminées selon des lois universelles de la nature, exactement au même titre que tout autre événement naturel. » Or « l'histoire se propose de raconter ces manifestations phénoménales ». Si l'histoire est la phénoménalisation de la liberté, alors il faut se demander quels effets la liberté produit dans la nature. Si l'on constate, en tant que simple observateur, c'est-à-dire à partir d'un point de vue particulier s'attachant à collecter les événements particuliers, un véritable désordre propre à provoquer « une certaine humeur », on peut cependant espérer à partir d'un autre point de vue, global celui-ci, « découvrir un cours régulier », révélant « au niveau de l'espèce entière [...] un développement constant, bien que lent, des dispositions originelles [de l'espèce humaine] ». L'*Idée d'une histoire universelle au point de vue cosmopolitique* montre que l'humanité progresse vers une fin. Ce progrès n'est certes pas moral, sans quoi la distinction établie dans la *Critique de la raison pure* entre phénomènes et noumènes n'aurait plus lieu d'être, puisque la liberté, comme bonne volonté, aurait alors la capacité de s'autodéterminer dans le monde sensible. C'est donc dans l'idée d'un progrès légal que la production des effets de la liberté dans la nature doit être recherchée. Nous sommes ainsi en droit de postuler, selon un usage régulateur de la raison, qu'au fil du temps les hommes produiront de plus en plus d'actions conformes au devoir, celles-ci devant finir par réaliser l'avènement d'un ordre politique parfaitement juste. C'est donc en tant que sujet de droit, c'est-à-dire en tant que citoyen, visant la réalisation de l'Idée républicaine, que l'homme pris historiquement actualise en lui la synthèse de la nature et de la liberté. Il reste néanmoins à préciser à quelles conditions une histoire universelle, c'est-à-dire totalisant les événements et associant la signification des événements à une direction (vers l'avènement d'un ordre politique parfaitement juste), est possible. Dit autrement, comment promouvoir une historiographie qui ne sacrifie pas l'intelligibilité au dogmatisme ? Comment accorder que l'histoire puisse avoir un sens sans être providentielle ?

2.

Dessein de la nature

1. *Sauver le sens : l'usage légitime de la raison*

L'homme n'étant pas pleinement raisonnable, mais en grande partie passionné, ses actions ne semblent viser que ses propres fins, celles-ci entrant nécessairement en conflit avec celles d'autrui. L'exercice de sa liberté, fondamentalement égoïste, le pousse à dominer. Ce qui résulte de cet effort aveugle pour s'affirmer sur la scène du monde, c'est un désordre généralisé, un « tissu de folie » qui met en péril le sens de la vie humaine sur terre. Et puisqu'on ne peut accorder dans le jeu des hommes aucun « dessein personnel raisonnable », on ne peut dans un premier temps que regretter l'absence de rationalité à l'œuvre dans les faits et les événements. Il n'est pas pour autant question, sous peine de retomber dans un scepticisme destructeur, d'en rester là. Kant, qui tâche de fonder une historiographie à partir des acquis de la première *Critique*, souhaite démontrer que le réel historique n'est pas absolument contraire aux principes d'identité et de raison, mais qu'il doit bien davantage être considéré, ainsi que l'exprime Luc Ferry dans son *Système des philosophies de l'histoire*, comme un « non-rationnel à rationaliser ». Ainsi le philosophe doit-il chercher « s'il ne peut découvrir dans la marche absurde des choses humaines un *dessein de la nature* à partir duquel serait du moins possible, à propos de créatures qui procèdent sans plan personnel, une histoire selon un plan déterminé de la nature ».

Avant d'éclairer ce concept de dessein de la nature, qui sous-tend toute l'*Idée* (et plus particulièrement les propositions 1 à 5, puis la proposition 7) et qui constitue le principe heuristique grâce auquel l'histoire humaine peut être comprise, rappelons brièvement les acquis de la *Critique de la raison pure*, que Kant mobilise ici. Dans la première *Critique*, il s'emploie à critiquer la raison. Il s'agit toutefois d'une critique « criticiste » dans la mesure où, après avoir montré comment la raison fomente des illusions, un usage légitime de celle-ci demeure possible, et même nécessaire. La raison a, par nature, tendance à s'élever au-delà de ce qui est perceptible. Or, pour Kant, une connaissance n'est possible qu'à partir d'une donnée empirique. Tel est le sens de la formule : « Sans intuition, les pensées sont vides ; sans concept, les intuitions sont aveugles. » Le réel est en effet d'abord donné passivement au sujet, dans des représentations sensibles situées dans l'espace et le temps. Aucune connaissance n'est possible sans donation de l'intuition à laquelle l'entendement applique ses catégories. Or, si cela est vrai pour nous, il existe cependant un point de vue, celui de Dieu ou de la science achevée, à partir duquel ce réel, qui pour nous semble sensible, est en soi rationnel. Cet absolu ne peut être que relativisé du point de vue du sujet, de telle sorte que l'idée de science achevée contenue dans la notion d'un entendement infini n'est qu'un simple idéal subjectif. Pourtant, la raison ne peut s'empêcher de produire des idées, c'est-à-dire de dépasser les prérogatives d'un sujet connaissant fini, en tentant de déduire le particulier du concept, faisant alors fi de l'intuition. L'opération illégitime visée par la critique de Kant est précisément celle qui consiste à appliquer le principe de raison au-delà de ce qui est effectivement perceptible pour un sujet fini, c'est-à-dire à passer indûment de la raison d'un fait à la raison de la raison jusqu'à hypostasier l'idée d'un absolu sans condition, c'est-à-dire à poser sa réalité effective. Mais la raison conserve un usage, qui une fois délimité, apparaît non seulement légitime mais encore utile. Cet usage est qualifié par Kant de régulateur. Il s'agit de « diriger l'entendement vers un certain but qui fait converger les lignes de direction que suivent les règles en un point qui, pour n'être, il est vrai, qu'une idée (*focus imaginarius*), c'est-à-dire un point d'où les concepts de l'entendement ne partent pas réellement — puisqu'il est placé entièrement hors des bornes de l'expérience possible — sert cependant à leur procurer la plus grande unité avec la plus grande extension ». Dans le cadre de la recherche historique, l'usage régulateur de la raison, qui opère en des jugements réfléchissants (et non constitutifs), conduira à faire *comme si* le réel était entièrement rationnel, autrement dit à appliquer le principe de causalité en y adjoignant un horizon d'attente, à savoir que les actions humaines puissent être dirigées vers une fin. Le principe de causalité peut donc être utilisé comme un concept scientifique qui n'arraisonne pas le réel, mais lui soumet plutôt une exigence de sens. Ce principe de réflexion fournit par conséquent un fil conducteur permettant d'orienter la recherche de l'historien sans abolir la contingence.

2. *La téléologie*

Le concept de dessein de la nature constitue ainsi un fil conducteur pour l'historien. Insistons bien sur le fait que, comme le soulignera Kant au paragraphe 75 de la *Critique de la faculté de juger*, « nous n'observons pas dans la nature des fins intentionnelles comme telles », mais c'est « en réfléchissant sur ses productions [que] nous ajoutons par la pensée ce concept comme fil directeur pour le jugement ». Le jugement téléologique possède une double efficacité. D'une part, il remédie au dogmatisme de la théologie qui pose ce qu'elle ne peut prouver, à savoir l'existence d'un être intelligent agissant avec intention. D'autre part, il fournit un critère d'intelligibilité du réel qui, tout en conservant la contingence de celui-ci, offre un horizon de sens, permettant de dépasser une connaissance purement accidentelle et désordonnée. La finalité introduite par l'historien n'est donc que relative : elle vise à ramener les faits incohérents à certains principes ordonnateurs. De la sorte, l'empiricité des événements peut être maintenue mais l'impression de désordre et d'irrationalité ressentie au spectacle du monde est dépassée. Le monde sensible peut de cette façon être pensé en référence au monde intelligible puisque le jugement téléologique, dans cet usage critique, permet de mettre en relation la diversité des faits et les fins ultimes de la raison humaine. Foncièrement, il s'agit pour Kant de faire converger la nature et la raison, en montrant que les fins de la nature rejoignent les fins de la liberté, mais sans retomber pour autant dans le dogmatisme métaphysique. Celui-ci pose en effet une finalité objective, absolue, conduisant à affirmer des choses aussi absurdes, comme le souligne Kant au paragraphe 67 de la *Critique de la faculté de juger*, que l'herbe est faite *pour* le mouton, lui-même étant fait *pour* être mangé par l'homme, etc. L'historien doit bien plutôt s'appuyer sur l'histoire empirique, tout en admettant que celle-ci est insuffisante pour offrir une vision globale, susceptible de contenter notre exigence d'intelligibilité. Cette histoire empirique est ainsi abordée à la lumière des fins de la raison, dont le statut constitutif se voit néanmoins refusé. L'idée de fin est en effet une idée très utile qui permet de rendre compte du mouvement dynamique de l'histoire sans projeter sur la scène du monde des intentions objectives qui destitueraient les hommes de leur liberté.

3. *Ce que veut la nature*

Kant indique dans la deuxième proposition de l'*Idée* que la nature ne peut être « suspecte d'un jeu puéril en l'homme ». Ce qu'elle a « fait » de l'homme doit donc être compris au regard de sa destination. Économe dans ses moyens, elle a doté l'homme d'un potentiel qui attend son actualisation complète. L'homme trouve en lui des « dispositions » que la nature, l'ayant placé dans une situation primitive précaire, l'enjoint de réaliser. Car c'est à l'homme de tirer « entièrement de lui-même » (proposition 3) les moyens pour s'arracher à sa condition primitive, plus précaire que celle de l'animal, puisqu'il ne dispose ni des griffes du lion ni des crocs du chien. Mais s'il est physiquement fragile, voire totalement démuni, l'homme dispose toutefois d'atouts exceptionnels, qui le situent dans un ordre irréductible à la naturalité, à savoir la raison et la liberté. Le dessein de la nature, tel qu'il est énoncé au début de l'opuscule, est donc clair : l'homme doit « parvenir jusqu'à la plénitude du développement de ses dispositions. »

Kant précise toutefois que la destination suprasensible de l'homme, où celui-ci ferait un usage complet de sa raison et de sa liberté, ne peut être atteinte par l'individu seul. Puisque chaque génération transmet à la suivante le bénéfice de ses acquis, c'est dans le cadre de l'espèce tout entière que la finalité de la nature, convergeant alors avec les fins de la raison humaine, pourra être réalisée. On voit alors en quel sens on peut affirmer que la liberté humaine est non seulement préservée, mais encore promue dans cette historiographie. La nature, en réalité, abandonne l'homme à sa liberté. C'est bel et bien lui qui doit inventer les progrès, jusqu'à finir par se rendre digne du Souverain Bien par la moralité. Rappelons cependant que dans l'*Idée d'une histoire universelle au point de vue cosmopolitique*, le progrès ultime réalisable par l'humanité n'est encore que d'ordre juridique. L'homme s'élève de la nature à la liberté pour aboutir, en une première étape de sa destination, à une « constitution qui recherche *la plus grande liberté humaine* selon des lois faisant en sorte que *la liberté de chacun puisse coexister avec celle des autres* (sans qu'elle cherche le plus grand bonheur, car celui-ci s'ensuivra de lui-même) ». Le progrès visé dans l'opuscule est ainsi d'ordre juridico-politique. Mais la production de constitutions civiles et d'une société des nations est également à comprendre comme une propédeutique à la morale. On ne pourra en effet viser une action accomplie par devoir que lorsqu'on se sera acquitté auparavant de ses devoirs, c'est-à-dire quand on se sera montré capable d'agir au moins en conformité avec le devoir (légalement).

Une fois ce dessein de la nature délimité, une question se pose : comment la nature s'y prend-elle pour réaliser la finalité de l'espèce ? Autrement dit, comment ce dessein de la nature s'accomplit-il ?

3.

Insociable sociabilité

1. *Le mal comme ressort de l'histoire*

La quatrième proposition énonce la cause positive faisant entrer l'homme dans l'histoire. Dans la troisième proposition, comme on l'a souligné plus haut, Kant mettait l'accent sur la condition primitive précaire de l'homme, qui le conduit à travailler pour assurer ses moyens de subsistance, dessinant par là les linéaments d'un univers proprement humain, c'est-à-dire culturel. Pour expliquer l'émergence de la société civile, Kant forge un concept fondamental, l'insociable sociabilité. Il énonce ainsi : « Le moyen dont se sert la nature pour mener à bien le développement de toutes [les] dispositions [de l'homme] est leur antagonisme dans la société, pour autant que celui-ci se révèle être cependant en fin de compte la cause d'un ordre légal de celle-ci. » Ce qui apparaît en filigrane, c'est une anthropologie qui affirme le mal inhérent à l'homme. Celui-ci est en effet dominé par ses passions, dont les principales sont l'ambition, la soif de domination et la cupidité. Ce sont les passions de l'homme qui, malgré lui, le poussent à entrer en société. Mais comment comprendre que les penchants les plus condamnables de l'homme, et qui en font un être foncièrement égoïste, puissent être aussi ceux qui le conduisent à se développer ? Il s'agit de saisir de quel sens est chargée cette expression, en apparence oxymorique, d'insociable sociabilité.

D'une part, l'homme a tendance, pour subvenir à ses besoins, à s'isoler de la société des hommes. Voulant de plus tout diriger, il n'en fait qu'à sa tête et refuse de se soumettre à autrui : l'homme, écrit Kant, « a une forte tendance à se *singulariser* (s'isoler), car il rencontre en même temps en lui-même ce caractère insociable qu'il a de vouloir tout diriger seulement selon son point de vue ». Mais ces passions, d'autre part, qui ne définissent en l'homme qu'une liberté sauvage, indomptée, ne peuvent être assouvies qu'au contact des autres. La sociabilité de l'homme, à ce niveau, n'est donc pas vertueuse. Tout comme chez Rousseau, dans son *Discours sur l'origine et les fondements de l'inégalité parmi les hommes,* elle apparaît bien comme le symptôme de passions qui s'alimentent de la présence des autres hommes, considérés alors comme de simples moyens d'assouvissement de ces mêmes passions. C'est précisément en affirmant sa liberté en quelque sorte anarchique que l'homme est amené à entrer en contact avec les autres hommes. Pour que la force soit en effet éprouvée, elle a besoin d'autrui. Les hommes s'appréhendent ainsi les uns les autres selon une dialectique conflictuelle qui exacerbe le désir de l'emporter. Parce qu'ils résistent à la volonté d'autrui, ils sont contraints de développer des facultés de jugement supérieures et d'opérer des distinctions morales : « c'est alors que se développent peu à peu tous les talents, que se forme le goût et que, par une progression croissante des lumières, commence même à se fonder une façon de penser qui peut avec le temps transformer la grossière disposition naturelle au discernement moral en principes pratiques déterminés ». C'est donc de la pseudo-liberté des hommes que résulte une évolution nécessaire vers la liberté et la morale.

2. *De la discorde résulte la concorde*

Le mal produit ainsi paradoxalement le terreau favorable à l'advenue du bien : « Sans ces qualités, certes en elles-mêmes peu sympathiques, d'insociabilité, d'où provient la résistance que chacun doit nécessairement rencontrer dans ses prétentions égoïstes, tous les talents resteraient à jamais enfouis dans leurs germes… » Il faut par conséquent remercier la nature, souligne Kant, parce que si les hommes n'étaient pas égoïstes, s'ils n'étaient pas mauvais, ils pourraient ne pas entrer dans la culture et se contenter de vivre « une existence de bergers d'Arcadie » aussi « doux que les agneaux qu'ils font paître ». Ils pourraient également continuer à vivre dans la discorde. Or, dans le premier cas, les hommes s'ennuieraient et « n'accorderaient guère plus de valeur à leur existence que n'en a leur bétail ». Et, plus essentiellement, une telle vie d'indolence n'est pas de mise pour des êtres qui, rappelons-le, n'ont d'autre choix pour pallier leur fragilité physique que de « se jeter dans le travail ». Dans l'autre cas, à savoir le choix du maintien de la discorde, l'homme prend le risque de voir ses forces s'essouffler et sa vie constamment menacée par autrui. L'homme pressent qu'il est de son intérêt d'entrer en société. Il comprend qu'une liberté indomptée n'en est pas vraiment une, mais qu'il est préférable, pour rendre celle-ci pleinement effective, de la limiter. La concorde ne peut donc qu'être « pathologiquement extorquée ». Ce n'est pas la visée du bien qui la détermine, mais bien plutôt un égoïsme éclairé. C'est la raison pour laquelle l'émergence de la société ne peut en rien s'apparenter à une entrée dans la moralité. Si les qualités sociales résultant de la recherche de la paix civile favorisent l'émergence du sens moral, elles en demeurent cependant éloignées : « Nous sommes *civilisés*, jusqu'à en être accablés, pour ce qui est de l'urbanité et des bienséances sociales de tous ordres. Mais il s'en faut encore de beaucoup que nous puissions déjà nous tenir pour *moralisés* », écrit Kant dans la septième proposition.

L'insociable sociabilité apparaît en définitive comme la solution au problème de la paix, d'abord civile (proposition 4), puis internationale (propositions 7-9). Elle constitue l'instrument utilisé par la nature pour rendre perceptible aux égoïsmes que le simple souci de l'intérêt bien compris oblige à limiter les libertés et donc à instaurer un dispositif de contrainte qui régule juridiquement les relations entre libertés antagonistes.

4.

Cosmopolitisme

1. *Le point de vue à partir duquel penser l'histoire*

Le terme « cosmopolitique » qui apparaît dans le titre de l'opuscule n'est véritablement conceptualisé qu'à partir de la septième proposition, sans d'ailleurs être mentionné en tant que tel avant la huitième. Mais, comme le souligne Alain Renaut dans son ouvrage *Kant aujourd'hui,* cette dénomination est utilisée par Kant dès les années 1773-1775 dans ses *Réflexions.* À cette époque, Kant envisage le projet d'une « histoire systématique », c'est-à-dire d'une histoire telle que le devenir humain puisse être unifié par une idée. Cette idée permettant de conférer une unité aux différentes manifestations du vouloir sur la scène du monde est d'ordre juridique. Il avait pourtant envisagé deux autres plans de l'histoire, un plan cosmographique et un plan biographique. Le plan cosmographique consisterait à mettre en évidence « le lien systématique qui réunit, dans toute l'étendue de l'infinité, les éléments de grande dimension de la création ». Le plan biographique renverrait au projet d'une histoire des « grands hommes ». Une telle histoire, notait Kant dans sa *Réflexion* 1438, ne pourrait toutefois pas être systématique parce qu'elle irait des parties, en l'occurrence les « grands hommes », vers le tout, la démarche systématique de son côté, propre à rationaliser la diversité historique, devant au contraire aller du tout aux parties. Le plan cosmopolitique apparaît donc, dès les années 1770, comme le seul susceptible d'offrir l'espoir d'une perspective globale du champ historique, celui-ci trouvant ainsi son unité dans le point de vue de l'espèce humaine envisagée sous l'angle de sa destination.

On a déjà eu l'occasion de souligner que, pour Kant, la destination de l'humanité est d'ordre moral, tout être humain étant destiné à être membre du règne des fins. Mais il faut rappeler encore que cette destination finale présuppose, comme à sa condition d'existence, l'instauration d'un état de paix, autrement dit d'un règne du droit compris comme la condition extérieure de la moralité. Se soumettre à la loi — même si une telle soumission est obtenue par contrainte — prépare à la réception de la loi morale. C'est grâce à l'érection d'une constitution permettant la coexistence pacifique des libertés sous le règne du droit que l'humanité accomplit son devenir, celui-ci étant de façon ultime d'ordre moral.

Le cosmopolitisme désigne par conséquent un état de paix généralisé et définitif garanti par une institution qui en définit les modalités : la « Société des Nations ».

2. *Guerre et paix*

La « Société des Nations (*Foedus Amphictyonum*) », c'est-à-dire l'institution censée garantir la sécurité des États et sur laquelle Kant s'appuie dans la septième proposition, procède du raisonnement mené dans les propositions précédentes de l'*Idée.* De même qu'il s'agissait jusqu'alors de comprendre pour quelles raisons les hommes sortent de l'état de nature et finissent par interagir de manière civilisée — l'insociable sociabilité constituant le ressort de ce processus —, de même il s'agit désormais d'envisager comment il entre dans l'intérêt des États de sortir, les uns vis-à-vis des autres, d'un état de nature, à savoir la guerre, qui les menace dans leur existence. Il est en effet dans l'intérêt des États de protéger leurs citoyens. En privant ces derniers de leurs droits civiques, les États se nuisent en réalité à eux-mêmes. L'*Aufklärung*, envisagée sous l'angle de la souveraineté comme un despotisme éclairé, apparaît comme une issue inéluctable parce qu'elle seule permet le maintien de l'État. Plus essentiellement encore, ce maintien n'est possible que si les États entretiennent des « rapports artificiels » en vertu desquels un équilibre s'instaure. Il ne peut certes s'agir dans un premier temps que d'un équilibre instable, les mauvaises volontés tendant toujours à s'affirmer, mais celui-ci demeure toutefois préférable à un état de guerre généralisé entre les États. Paradoxalement (le paradoxe était déjà contenu dans la notion d'insociable sociabilité), la guerre apparaît comme le moyen indispensable du progrès : « Ainsi, toutes les guerres sont autant de tentatives (non pas bien entendu dans l'intention des hommes, mais bien dans celle de la nature) pour mettre en place de nouvelles relations entre les États, pour former par la destruction des anciens ou, tout au moins par leur morcellement, de nouveaux corps qui cependant ne peuvent à leur tour se maintenir, soit en eux-mêmes, soit les uns à côté des autres — et doivent par conséquent subir de nouvelles révolutions semblables aux précédentes [...]. » La Société des Nations, « dans laquelle chaque État, même le plus petit, pourrait attendre sa sécurité et ses droits, non de sa propre force ou de sa propre appréciation du droit », incarne l'instauration d'un État juridique de paix qui s'est substitué au régime de la guerre.

3. *Une citoyenneté cosmopolitique*

L'avènement du droit cosmopolitique constitue le point focal de la réalisation du « dessein suprême de la nature ». Le progrès du droit est contemporain de la réalisation d'une communauté civile universelle au sein de laquelle peut s'épanouir une citoyenneté cosmopolitique dépassant la citoyenneté nationale. Ce dépassement se veut aussi le rassemblement du genre humain préparé à sa destination morale. À ce stade de l'opuscule, « l'idée la plus sublime que l'homme puisse concevoir de sa destination » se réalise. Les premières propositions de l'opuscule étaient consacrées à l'homme à l'état de nature et à sa transformation, si l'on peut dire, en homme civil. Il s'agit maintenant de penser l'homme, non plus seulement comme citoyen d'une nation, mais encore comme membre de la société des citoyens du monde. Reste à savoir ce que Kant entend au juste par une telle citoyenneté mondiale.

Si l'on se reporte aux textes suivant l'*Idée*, notamment la *Doctrine du droit* et le *Projet de paix perpétuelle*, il semble que Kant considère la Société des Nations comme le cadre juridique international permettant de mettre fin, non seulement à une seule guerre — ce que désigne le simple traité de paix — mais à toutes les guerres. Au sein d'un tel cadre de paix définitive, le citoyen mondial ne se verrait pas pour autant destitué de son identité nationale, si bien que le *Foedus Amphictyonum* mentionné dans l'*Idée* renverrait à un pacificisme fédéraliste n'annulant pas non plus la spécificité des États.

On peut toutefois proposer, ainsi que l'a fait la critique, une autre interprétation et considérer que le droit cosmopolitique kantien vise un droit universel, constitutif d'une Cité universelle. Dans une telle perspective, l'humanité serait appelée à former un État unique, de sorte que le citoyen du monde serait à envisager non plus comme le membre d'un État particulier, mais comme un simple habitant de la Terre. Dans une telle perspective, le particularisme des États serait bien évidemment résorbé dans un internationalisme tel que l'idée d'État pris isolément n'aurait même plus cours.

Quoi qu'il en soit de ces deux interprétations, l'une envisageant la citoyenneté mondiale comme liée à la citoyenneté nationale, l'autre considérant le cosmopolitisme comme supplantant *in fine* la citoyenneté nationale, reste que l'état juridique visé, à savoir la paix perpétuelle, censée être garantie par une Société des Nations, ne fait sens qu'au regard de la destination finale du genre humain. Aux yeux de Kant, le droit ne constitue qu'une propédeutique à la morale, si bien que l'homme ne réalise pleinement à la fin les dispositions inscrites en lui que dans la morale, c'est-à-dire dans la reconnaissance de l'universel en lui.

Pour prolonger la réflexion par des textes de Kant

Opuscules sur l'histoire, GF-Flammarion, 1990, traduction S. Piobetta, introduction et notes de P. Raynaud. Outre l'*Idée d'une histoire universelle au point de vue cosmopolitique*, cet ouvrage réunit les opuscules suivants : *Des différentes races humaines, Compte rendu de l'ouvrage de Herder : « Idées en vue d'une philosophie de l'histoire de l'humanité », Définition du concept de race humaine, Conjectures sur les débuts de l'histoire humaine, Sur l'emploi des principes téléologiques dans la philosophie, Le conflit des facultés.*

Réflexions sur l'éducation, Vrin (1967), 1993, traduction et introduction A. Philonenko : texte qui regroupe des notes de cours que Kant a professés durant plusieurs années sur l'éducation et qui dessinent une anthropologie préfigurant l'existentialisme.

Métaphysique des mœurs (1797), GF-Flammarion, trad. A. Renaut ; et *Doctrine du Droit*, GF-Flammarion, IIe partie, 3e section, « Le droit cosmopolitique ».

L'œuvre dans l'histoire des idées

Une histoire universelle ?

ŒUVRE INSCRITE DANS SON TEMPS, l'*Idée d'une histoire universelle au point de vue cosmopolitique* l'est d'abord formellement, puisqu'il s'agit d'un article dont l'intention est de répondre à une note parue le 11 février 1784 dans la *Gotaische gelehrte Zeitung* (*Revue savante de Gotha*) et qui formulait la remarque suivante : « Une idée chère au professeur Kant est que le but final du genre humain est d'atteindre la constitution politique la plus parfaite, et il souhaite qu'un historien philosophe veuille bien entreprendre de nous livrer une histoire de l'humanité écrite dans cette perspective, et de montrer dans quelle mesure elle s'est approchée ou éloignée de ce but aux différentes époques, ainsi que ce qui reste encore à accomplir pour l'atteindre. » Plus fondamentalement, cette note place aussi l'opuscule de Kant, d'abord publié dans le *Berlinische Monatsschrift* (*La revue mensuelle berlinoise*) en novembre 1784 pour répondre à cette attente, au cœur de son époque, celle des Lumières qui voient s'épanouir, autour de cette croyance dans les possibilités offertes par une raison devenue autonome, une discipline nouvelle, la philosophie de l'histoire. C'est pourquoi cette association mise en avant, dans la note de la *Gotaische gelehrte Zeitung*, de l'historien et du philosophe constitue en elle-même l'indice d'un mode d'investigation nouveau dans les sciences de l'esprit, invitant à considérer de manière inédite ce que depuis longtemps déjà on nommait « histoire universelle ». On sait que pour Kant cette histoire universelle se pense en termes juridiques puisque le point focal conférant une unité aux différentes actions humaines sur la scène du monde est le point de vue cosmopolitique, compris comme horizon d'une paix civile parfaite et permettant, au plan méthodologique, de pourvoir l'histoire d'une intelligibilité ne sacrifiant pas à la finitude de la raison. Il s'agit toutefois d'examiner plus précisément comment l'*Idée* rassemble en elle à la fois les attentes de son époque et les inévitables tensions drainées par celle-ci.

1.

Au cœur des Lumières

1. *La philosophie de l'histoire : naissance d'une discipline*

C'est au XVIIIe siècle que la notion de philosophie de l'histoire apparaît en tant que telle. Voltaire (1694-1778) semble être le premier à en faire un usage rigoureux, notamment dans sa *Philosophie de l'histoire par feu l'abbé Bazin* en 1765. Jusqu'alors, philosophie et histoire ne pouvaient être associées, la philosophie renvoyant au domaine des idées claires et intemporelles, l'histoire à celui des idées confuses et éphémères. L'historien ne pouvait être considéré, selon cette bipartition des domaines d'intelligibilité, que comme une sorte de chroniqueur récoltant les données du monde empirique, relevant en fait le chaos des événements. En Allemagne, Wolff (1679-1754), philosophe d'obédience leibnizienne, s'était même employé à distinguer trois espèces de connaissance : la connaissance historique, la connaissance philosophique et la connaissance mathématique, la connaissance historique constituant le plus bas degré de connaissance. Cette infériorité de la connaissance historique était attribuée à son champ d'investigation, l'expérience, considérée comme un domaine éminemment fluctuant, au contraire de la philosophie censée s'appuyer sur les principes de la pensée, par définition intemporels. Or, avec la montée en puissance des Lumières, s'étendant sur toute l'Europe dès la fin du XVIIe siècle, l'usage de la raison, qui tente de se réapproprier les différentes figures de l'humain, devient de plus en plus perceptible. Le champ d'action de l'humain ne peut plus dès lors faire exception, et se présente même comme un lieu d'observation privilégié de cette nature humaine que l'on cherchait à définir. De ce point de vue, l'émergence de la philosophie de l'histoire maintient ouverte une forme de supériorité de la raison sur le devenir humain observable, puisqu'il s'agit bien d'orienter la recherche historique par une certaine idée de l'homme, celle-ci ne pouvant être le fait que de la philosophie. Isaak Iselin écrit en ce sens, dans *Über die Geschichte der Menschheit* (*Sur l'histoire de l'humanité*), en 1764 : « L'histoire doit être éclairée par le flambeau de la philosophie. »

On a vu quel usage Kant fait de la raison dans l'opuscule et comment il lui semble nécessaire d'éviter l'écueil d'une historiographie purement empirique, qui ne parviendrait pas à dégager de sens des événements humains, renvoyant plutôt ceux-ci à un absurde devenir. Dans cette mesure, Kant apparaît bien comme une figure majeure des Lumières, héritier du procès que Voltaire avait intenté à ses prédécesseurs, obscurantistes selon lui, et qui réduisaient l'histoire humaine à une simple justification de la Providence, c'est-à-dire à une théodicée.

2. *L'approche progressiste de l'histoire : la rupture avec la théologie*

L'expression « histoire universelle », présente dans le titre de l'opuscule, n'est pas anodine. Elle renvoie à un concept dont la rapide généalogie permet de mieux saisir les enjeux du propos kantien, notamment dans ses rapports avec son temps, s'il est vrai qu'une œuvre, malgré son pouvoir de traverser les époques, constitue aussi une *Weltanschauung*, une vision du monde propre à l'époque dans laquelle elle s'inscrit.

Le modèle d'une causalité interne à l'histoire, c'est-à-dire ne devant rien à l'intervention d'une réalité transcendante, ne s'est pas imposé conjointement à la fondation de l'histoire comme discipline. Même si s'est faite jour, au fil des siècles, l'exigence de souligner la liberté humaine dans la formation du devenir, reste que celle-ci s'est trouvée pendant longtemps réduite, voire annihilée par la reconnaissance du rôle joué par Dieu. Ainsi, lorsque Voltaire rédige son *Essai sur les mœurs*, il prend pour cible ces penseurs qui, sous couvert de rendre compte des faits humains, ne visent en réalité qu'à justifier les fins de la Providence, en insérant ces faits dans une architecture générale d'essence divine. Chez Voltaire, en effet, qui s'en prend plus précisément au *Discours sur l'histoire universelle* de Bossuet (1627-1704), l'origine christique ne représente plus qu'un commencement chronologique. L'histoire, en s'autonomisant, se recentre sur les choses terrestres et prend alors comme objet d'étude l'humain considéré en et pour lui-même. Mais, parce qu'il s'avère nécessaire de maintenir un principe heuristique, à savoir une orientation de la recherche, c'est l'idée de nature humaine qui apparaît alors comme le concept sous lequel peuvent se rassembler les différentes figures de l'humain. Et ce qui caractérise par excellence l'humain, dans ce siècle des Lumières, c'est la raison, l'histoire étant définie comme le lieu de dévoilement progressif de la raison.

On peut alors se demander si Voltaire, critiquant radicalement l'incapacité de Bossuet à faire l'histoire des hommes pour elle-même, ne renoue pas avec un modèle qu'il proscrit, à savoir la référence à un principe d'explication qui totalise les actions humaines mais demeure surtout transcendant à celles-ci. Il semble bien en effet qu'en remettant en cause le fondement des théologies de l'histoire, Voltaire substitue une modalité abstraite de jugement à la Providence, la raison supplantant Dieu, sans que ses prérogatives aient été questionnées. D'autre part, si le devenir humain est orienté par le progrès, alors la liberté paraît elle-même menacée par une autre forme de finalité, une finalité non plus providentialiste, mais rationaliste.

Kant, qui se veut un représentant des Lumières mais invente par ailleurs une manière propre de faire de la philosophie, en assignant la raison au tribunal de la critique, tombe-t-il lui aussi dans cet écueil ? L'opuscule, qui indique d'emblée la nécessité de faire porter l'attention historienne sur les « manifestations phénoménales » de la liberté, ne dilue-t-il pas en fait la liberté dans un projet général conduit par une raison à la fois totalisante et transcendante ? Plus encore, et puisque le « dessein de la nature » apparaît comme le principe heuristique de l'*Idée*, ne peut-on pas imputer à Kant la faute d'avoir renoué avec les théodicées du passé ? Quelle place l'*Idée* occupe-t-elle, au juste, au sein de cette époque qui a inventé la philosophie de l'histoire ?

2.

La polémique avec Herder

1. *Des Lumières à Herder*

Il est tentant de faire de Johann Gottfried von Herder (1744-1804) un opposant farouche à l'esprit des Lumières, tant il ne cesse de fustiger cette foi infaillible dans la raison et le progrès, avec un ton qui résonne moins, et c'est peu de le dire, de la raison des philosophes que des envolées poétiques du mouvement *Sturm und Drang* (« tempête et passion »). Pourtant, la position de Herder, tout à fait essentielle au regard de l'opuscule kantien — puisqu'il a devancé Kant dans la rédaction d'un ouvrage d'historiographie et que, par ailleurs, il l'a très clairement critiqué —, est beaucoup plus complexe qu'il n'y paraît au premier abord. En 1774, Herder publie son *Autre philosophie de l'histoire pour contribuer à l'éducation de l'humanité* (et qui porte ironiquement en sous-titre : *Contribution à beaucoup de contributions du siècle*). L'ouvrage se présente comme une attaque en règle du rationalisme des Lumières, tout particulièrement celui des Français d'Alembert, Montesquieu et Voltaire. Or ce qui est visé par Herder dans ce texte, outre une défense de l'histoire empirique, ce sont moins les Lumières en elles-mêmes que leur prétention à se présenter comme la culture la plus évoluée et la plus proche de la perfection. Herder, de la sorte, ne rejette pas purement et simplement l'idée de progrès. Il se refuse plutôt à la présupposer, s'attachant à écrire une histoire de l'humanité qui fasse pleinement droit aux attributs spécifiques et irréductibles de chaque culture et de chaque époque. Ce qui, *in fine*, permet de pallier le relativisme des civilisations se succédant sur la scène du monde, c'est la foi en Dieu. En ce sens, Herder semble bien renouer avec un mode d'intelligibilité propre aux théodicées. Sa position est toutefois nettement plus subtile : s'il mobilise bien un finalisme de type providentialiste, il se garde néanmoins de le faire aux dépens de l'idiosyncrasie (des particularités) des figures humaines. Précisément, toute l'originalité de Herder tient à ce qu'il propose une réécriture de l'histoire de l'évolution humaine rendant justice à la spécificité de chaque peuple. Pour autant, il tombe incontestablement dans le piège, désigné par Kant, d'une histoire empirique incapable de fonder sa cohérence autrement que par le recours à une téléologie (une théorie des fins dernières) dogmatique. Or c'est Herder qui, le premier, assène un coup à la théorie kantienne de l'histoire, amenant celui qui fut son professeur, loué au demeurant, sur le terrain de la polémique.

2. *La critique herderienne de l'*Idée

Dans son ouvrage publié en 1784, *Idées pour une philosophie de l'histoire de l'humanité*, Herder critique très explicitement l'*Idée d'une histoire universelle au point de vue cosmopolitique.* Il y consacre en réalité tout un chapitre, le huitième. Selon Herder, dont on a vu qu'il critique l'abstraction des philosophes français et celle de leurs adeptes allemands, il faut approcher l'histoire autrement que selon une mécanique qui, en prenant pour modèle la physique, appauvrit considérablement le champ historique. Car celui-ci se voit arraisonné par un principe exclusif de causalité qui, loin de pouvoir rendre compte de la spécificité des événements humains, les noie en fait dans une grille de compréhension froide et surtout aveugle au réel. Or, pour Herder, il s'agit bien, lorsqu'on fait de l'histoire, de promouvoir l'attention aux faits, aux événements, aux manières d'être des peuples, et ce mode d'appréhension du champ historique requiert, plutôt qu'une raison mobilisant abusivement le principe de causalité, la plénitude de l'affectivité. Dans cette perspective, l'opuscule kantien ne peut que relever à ses yeux d'une construction abstraite. La raison investit le champ de l'histoire, mais de façon sèche et arrogante, destituant le devenir humain de toute vie. À l'encontre de cette raison qui surplombe le monde, Herder affirme que « le sens le plus universel et le plus nécessaire est le sentiment ». Et le sentiment n'est pas seulement l'apanage de l'humain, il est encore ce qui doit orienter l'historien dans ses recherches. La sensibilité a donc une valeur méthodique, c'est grâce à elle, et à l'empathie qui la prolonge, que l'observateur peut aborder l'histoire. Il faut ainsi souligner que Herder promeut une historiographie fondée sur l'exigence de compréhension, au sens strict du terme : celle-ci assume pleinement le risque de subjectivisme, considérant qu'il n'est de toute manière pas possible d'être objectif. De manière certes radicale, Herder a au moins le mérite de souligner un enjeu essentiel de la démarche historienne dans son procès de la vérité. D'une certaine façon en effet, et parce qu'il revendique une approche sensualiste de l'histoire, Herder découvre les limites de la raison historique. Il faudra toutefois noter, ce que ne manquera pas de faire Kant dans sa réaction à la critique de Herder, qu'une telle approche encourt le risque majeur d'être relativiste, ou dogmatique, si le relativisme est arbitrairement résorbé dans le recours à la transcendance.

Dans ce même huitième livre des *Idées pour une philosophie de l'histoire de l'humanité*, Herder reproche encore à Kant de faire dépendre le bonheur des hommes de l'évolution des dispositions inscrites en eux jusqu'à l'avènement d'une raison pratique autonome qui se découvrirait une destination morale. Le présupposé d'un tel point de vue, qui relève presque d'un truisme au XVIIIe siècle, étant qu'il y aurait des âges de l'humanité, comme l'homme traverse des époques, et que certains peuples seraient plus proches que d'autres des conditions propres à assurer leur bonheur. Herder se dresse en opposant farouche à une telle thèse. Selon lui en effet, chaque peuple doit être considéré comme une totalité en elle-même achevée, la norme de son épanouissement ne se trouvant pas en dehors de lui, mais en lui et ne dépendant aucunement d'un quelconque progrès de la raison : « La félicité des humains est partout un bien individuel ; par conséquent, elle est partout climatique et organique, fille de l'exercice de la tradition et de l'habitude. » Existence et félicité ne font qu'un. Il est donc inepte de considérer que le bonheur est un état à la fois extérieur à soi qu'il s'agirait alors d'atteindre, et dépendant du travail des générations précédentes. À cet endroit, Herder vise la thèse kantienne, constamment réitérée dans l'opuscule, selon laquelle nous travaillons pour les générations futures dans la réalisation de l'humanité. Au contraire, Herder affirme que « l'être historique est [...] à lui-même sa propre fin, parce qu'il est une créature de Dieu. »

Enfin, Herder s'attaque à la thèse formulée par Kant dans la sixième proposition de l'*Idée* : « L'homme est un animal qui a besoin d'un maître. » La critique s'énonce en trois temps. Tout d'abord, et à supposer même que l'homme soit un animal, on ne voit pas bien pourquoi celui-ci aurait besoin d'un maître, étant entendu que l'homme est à lui-même sa propre norme. Herder reproche ainsi à Kant de retirer le droit dont dispose tout homme à posséder sa propre règle de vie. Ensuite, et avec une certaine mauvaise foi (Herder laissant entendre que Kant justificrait le despotisme) mais non sans facétie, l'historien procède à un retournement de perspectives en affirmant que l'homme qui a besoin d'un maître est effectivement un animal, c'est-à-dire un être servile. Or, ajoute Herder, rien dans la nature humaine n'est propre à la faire entrer dans un rapport de dépendance à un despote. Enfin, et c'est certainement à cet endroit que le romantisme de Herder retentit le plus, l'homme n'est pas fait pour l'État. Il est donc absurde de penser que son bonheur pourrait découler de sa condition de citoyen. Le bonheur ne peut être vécu qu'à l'écart de l'espace public, c'est-à-dire dans le cadre privé, familial et amical.

Kant, peu enclin à entrer dans des polémiques, n'a pourtant pas tardé à répondre à celui qui fut par ailleurs un de ses étudiants les plus admiratifs.

3. *Le* Compte-rendu *de l'ouvrage de Herder*

Soulignons d'abord qu'il a dû sembler difficile à Kant d'entrer véritablement dans l'univers de Herder tant ce dernier use d'un ton qui, selon le philosophe de Königsberg, les situe d'emblée sur deux terrains différents. Kant il est vrai, en critiquant l'« éloquence poétique » de Herder, ne lui adresse pas seulement une critique formelle. Il s'agit bien plutôt de viser une manière de penser impropre à la philosophie, parce que fondamentalement incapable de se hisser au niveau, pourtant exigible, d'une « pensée en commun ». En fustigeant le style de Herder, Kant dénonce une métaphysique abstruse demeurant prisonnière de la mythologie et reléguant, *in fine*, le propos de Herder aux modes de pensée prérationnels, relevant davantage de la mythologie que de la philosophie. Ce faisant, c'est l'ensemble du propos herderien qui est condamné parce que celui-ci n'offrirait aucun mode de liaison des données factuelles avancées, liaison dont on sait que, pour Kant, elle constitue le procès même de la connaissance, ce par quoi le divers peut être unifié, ce grâce à quoi on accède à une systématisation permettant d'échapper à la confusion de la simple chronique. Herder, donc, n'élabore pas vraiment une historiographie ; il se contente d'une histoire empirique dont on sait, puisque Kant insiste sur ce point dans l'*Idée*, qu'elle n'est pas capable de nous prémunir du scepticisme et du relativisme. Une histoire, en effet, qui se contente de raconter les faits sans les relier par un fil conducteur, qui plus est dans un propos saturé d'analogies, de métaphores, de tirades propres à exciter l'imagination, ne peut au bout du compte que nous laisser dubitatifs face au désordre apparent. L'histoire, dans cette perspective, loin de combler un manque de sens visible sur la scène du monde, ne ferait que retisser la folle toile du monde.

Mais Herder cumule en fait les deux défauts identifiés par Kant dans son opuscule, et que son historiographie vise à dépasser. D'une part, Herder, en se contentant de mentionner des données factuelles à partir desquelles on peut prouver toute chose et son contraire, ne parviendrait pas à faire véritablement de l'histoire, celle-ci impliquant un principe ordonnateur, ce sans quoi aucune connaissance ne peut être produite. D'autre part, et parce que malgré tout il tâche de remédier au risque d'une histoire éminemment relativiste, qui susciterait le soupçon, voire le désarroi, il écrit une histoire condamnée à être dogmatique en recourant abusivement à une finalité posée dans la réalité, la Providence. L'histoire de Herder n'est ainsi, en dernière instance, qu'une théodicée. Lui-même écrit : « S'il y a un Dieu dans la nature, il y en a un aussi dans l'histoire. »

À ce titre, il est important de rappeler que, pour Kant, s'il est absolument nécessaire de recourir à un principe heuristique afin d'unifier la diversité des phénomènes observables, ce principe ne saurait être fondé sur l'observation du spectacle du monde, car celui-ci ne laisse paraître que folie. L'idée de progrès, si chère aux Lumières, n'est donc pas décelable dans le monde, elle ne constitue précisément qu'une idée. Et parce que, d'autre part, Kant refuse de recourir à un finalisme dogmatique, qui ne ferait que renouer avec les théodicées du passé, mettant à mal les acquis de la révolution critique, on ne doit accorder à ce principe heuristique qu'une valeur subjective, régulatrice, propre à orienter nos recherches.

Cette attention que Herder porte à la spécificité d'un peuple, d'une nation, Kant, incontestablement, ne la manifeste pas. Mais cela s'explique par le fait que Kant élabore moins une histoire qu'il ne réalise une historiographie. En prétendant faire l'histoire de l'humanité, il définit en réalité une manière de faire l'histoire, c'est-à-dire une méthodologie grâce à laquelle les événements pourront être rassemblés, compris. Et parce qu'il mobilise une raison, dont les limites ont été préalablement assignées, on peut ajouter que Kant a su maintenir une exigence légitime de sens sans la porter au-delà de ses prérogatives, ce qui constitue bien encore l'enjeu de toute histoire à faire.

Pour prolonger la réflexion

Emmanuel KANT, *Réponse à la question : Qu'est-ce que les Lumières ?* (1784), traduction H. Wismann, Folio essais n° 134.

Pour en savoir plus sur le contexte intellectuel

Ernst CASSIRER, *La philosophie des Lumières,* Fayard, 1966.

Charles LE BLANC, Laurent MARGANTIN et Olivier SCHEFER, *La forme poétique du monde. Anthologie du romantisme allemand,* José Corti, 2003.

Gérard RAULET, *Aufklärung. Les Lumières allemandes,* GF-Flammarion, 1995.

La figure du philosophe

Le philosophe de Königsberg

LE NOM DE KANT est irrémédiablement attaché à celui d'une ville, Königsberg, lesquels sont nés pour ainsi dire en même temps. En 1724 en effet, Königsberg, qui appartenait alors à la Prusse-Orientale (la ville, aujourd'hui dénommée Kaliningrad, est rattachée à la Russie), est formée, fruit de la réunion de trois villes, Altstadt, Löbenicht et Kneiphof. Excepté quelques séjours, au demeurant assez courts, dans de riches familles des villes avoisinantes où il exerce en tant que précepteur, Kant ne quittera jamais cette ville. C'est là qu'il fait ses études, vit, professe et meurt, en 1804. En un siècle où des pôles d'effervescence intellectuels se constituent un peu partout en Europe, y compris en Allemagne, Königsberg semble bien en retrait. Si Kant n'y avait pas construit ce qui allait apparaître comme une des philosophies les plus impressionnantes de toute l'histoire de la pensée, Königsberg serait probablement tombée dans l'oubli, au regard de villes aussi dynamiques que Iéna, Tübingen, Weimar. À Königsberg, aucun tourbillon, aucune vague, sauf à considérer qu'à lui seul le kantisme, fruit d'une très lente gestation, s'apparente à un véritable raz de marée. Kant, homme et philosophe discret, d'une méticulosité infaillible dans sa vie comme dans son œuvre, a fait de son lieu de vie un site d'envol vers les contrées les plus lointaines : des cours de géographie physique qu'il a professés, faisant découvrir dans le menu détail à ses étudiants l'Asie, l'Afrique, l'Amérique, l'Europe, aux aspirations métaphysiques, étrangères, par nature, à reconnaître des frontières, Kant n'a pourtant eu de cesse de tracer des voies, de délimiter des zones de sécurité. C'est avec prudence, rigueur et patience qu'il vécut et devint véritablement « kantien » car pour lui, plus que pour n'importe quel autre philosophe, vie et œuvre ne font qu'un.

1.

Kant avant Kant

1. *Les années d'apprentissage*

Kant est issu d'une famille d'artisans installée dans les faubourgs de Königsberg. Il grandit dans une famille marquée par le piétisme, secte luthérienne fondée au XVIIe siècle par le pasteur Spener, qui met l'accent sur le sentiment religieux, plutôt que sur le formalisme du culte. Kant sera influencé toute sa vie par ce courant religieux, qui l'accompagne durant toutes ses années de formation, du collège jusqu'à ses années d'Université où il suit les cours du professeur de philosophie Martin Knutzen, acquis définitivement au piétisme. À tout jamais, Kant conservera une suspicion à l'encontre des rites religieux qui, vus de l'extérieur, peuvent apparaître comme une simple mécanique des gestes, laissant béant le questionnement de la conscience. Il ira même, le jour où le nouveau roi, Frédéric-Guillaume II, se rendit à Königsberg pour la prestation du serment à la Couronne, jusqu'à prétexter une faiblesse pour ne pas assister au service religieux, alors qu'en sa qualité de recteur de l'Université sa présence eût été souhaitable.

Les parents de Kant élèvent leurs enfants dans le souci

de l'application au travail, de l'honnêteté et de la rigueur puritaine. On sait que Kant admirait ses parents pour leurs valeurs. Il indique dans sa correspondance, au soir de sa vie, tout ce qu'il doit à sa mère, celle-ci ayant « inculqu[é] et développ[é] en [lui] les premiers germes du bien ». Il raconte aussi comment son père, alors maître sellier et contraint de gérer un conflit avec la corporation des bourreliers, n'exprima jamais ni rancœur ni colère, mais se montra digne et serein. Cette rigueur et cette tranquillité, ainsi que l'aversion pour le déballage sentimental, ne résolvant en rien les véritables problèmes qui se posent à la conscience, c'est-à-dire à l'intériorité, sont très certainement déterminantes dans la formation de la philosophie morale kantienne et notamment dans la distinction établie entre ce qui est accompli en conformité au devoir et ce qui est accompli par devoir. Kant, qui parcourra toutes les allées de la philosophie, considérera toujours le droit, domaine externe où doivent cohabiter des libertés pas nécessairement bienveillantes, comme une simple propédeutique à la morale, domaine interne au contraire où la loi morale communique directement avec la raison et la liberté.

Quatrième enfant de la famille, Emmanuel est destiné à devenir pasteur. À l'âge de huit ans, il entre au collège Frédéric, où il suit une formation classique très rigoureuse axée sur l'apprentissage du latin, du grec, de l'hébreu et de la théologie. C'est dans cette ambiance monacale que le jeune esprit se forme avec enthousiasme auprès des auteurs classiques. Mais de son long séjour au collège Frédéric, le futur philosophe ne se découvre aucune vocation pour la direction des âmes. Il y développe en revanche une passion pour la poésie classique et, malgré une santé fragile, une véritable endurance dans le travail.

2. *«Je suis un itinéraire que rien ne pourra m'empêcher d'atteindre.»*

En 1740, alors âgé de dix-sept ans, Kant entre à l'Université. On ne sait pas au juste à quelle faculté Kant s'inscrit et son érudition, quelques années plus tard, peut laisser penser qu'il est passé par chacune d'entre elles. On sait cependant qu'il a suivi les cours du philosophe Martin Knutzen. Ce dernier, dont on a vu qu'il est un piétiste convaincu, est également wolffien — rappelons que Wolff était un disciple de Leibniz (1646-1716) — et marque très fortement le jeune étudiant qui, bien après, dans sa seconde *Critique*, la *Critique de la raison pratique* (1788), se souviendra de l'enseignement reçu, ce dernier ayant été non seulement assimilé mais encore passé au crible de la critique. À cette époque cependant, Kant s'intéresse moins à la métaphysique qu'à la physique. Knutzen, qui dispense un cours sur la science de la nature, fait découvrir à Kant le newtonisme, première influence intellectuelle importante de Kant. Il publie ensuite son premier ouvrage, de physique précisément : *Pensées sur la véritable appréciation des forces vives.* Ce texte, qui constitue une œuvre de jeunesse, avec les limites propres à ce genre d'ouvrage (en l'occurrence, le problème que Kant y pose a été résolu quelques années auparavant par d'Alembert), présente un double intérêt. D'une part, il est reconnu pour sa valeur littéraire, Kant faisant alors preuve d'un style plutôt élégant, qu'il ne conservera d'ailleurs pas toujours par la suite, les phrases se faisant de plus en plus longues et sinueuses ; d'autre part, et surtout, il témoigne de la vigueur intellectuelle de Kant et de son désir d'ouvrir une nouvelle voie. Le jeune homme (il n'a que vingt-deux ans) fait figurer en tête de son livre une épigraphe empruntée à Sénèque : «Je me suis déjà tracé la voie que je veux suivre. Je suis un itinéraire que rien ne pourra m'empêcher de poursuivre.» En réalité, il faudra encore à Kant de très nombreuses années avant que sa voie ne soit véritablement tracée.

Cette période de la vie de Kant, laborieuse à de nombreux égards, manifeste une curiosité et une richesse intellectuelles inversement proportionnelles aux conditions matérielles dans lesquelles il se trouve. Pauvre, Kant, qui a pourtant déjà bénéficié de l'aide du pasteur Schultz, se voit dans l'obligation de quitter sa ville pour assurer sa subsistance. Chez différentes familles riches installées dans des recoins de la Prusse, il assume les fonctions de précepteur. Lorsqu'il revient à Königsberg, au début des années 1750, Kant se remet au travail. L'univers le passionne. Il rédige alors un traité de cosmogonie, *Essai de déduction de l'origine de l'Univers, de la formation des corps célestes et des causes du mouvement à partir des lois du mouvement universel de la matière et de la théorie de Newton.*

2.

De l'univers à l'homme

1. *Les éveilleurs : Newton, Hume, Rousseau*

On a vu que Kant a très tôt été marqué par le newtonisme. Cette influence, directe dans un premier temps puisque l'intérêt de Kant se porte donc d'abord sur la cosmogonie, sera décisive tout au long de son œuvre. Dans l'*Idée d'une histoire universelle au point de vue cosmopolitique,* l'influence, implicite, n'en est pas moins réelle. Le concept d'« insociable sociabilité » notamment témoigne incontestablement d'une rémanence des concepts physiques d'attraction et de répulsion.

Dans les années 1750, Kant se prépare au *Magisterexamen,* l'équivalent de notre actuel doctorat. Le 17 avril 1755, il soutient devant la faculté de philosophie sa dissertation, *Esquisse sommaire de quelques méditations sur le feu.* Il obtient alors le titre de *Privatdozent*, c'est-à-dire de professeur payé par ses étudiants (et non par l'État).

C'est alors que débute pour Kant une carrière d'enseignement académique qui durera plus de quarante ans. Son activité professorale, intense, témoigne d'une érudition impressionnante. Kant, qui ne quitte presque jamais sa ville, voyage pourtant et « fait voyager » depuis chez lui, on l'a vu, où il reçoit les étudiants : ses premiers cours, en effet, témoignent d'un intérêt très vif pour la géographie. Kant décrit minutieusement l'ensemble de la planète, sa richesse minérale, florale, animale, mais aussi humaine, s'efforçant de rendre compte le plus fidèlement possible du mode de vie des habitants du globe. Cette période, si elle ne laisse pas suffisamment de temps à Kant pour se concentrer sur son travail personnel (il faut attendre 1772, année où Kant, dans une lettre devenue célèbre, dresse les linéaments de sa critique de la métaphysique, pour voir poindre le kantisme), est cependant fondamentale parce qu'elle rend compte de la préoccupation majeure du savant, à savoir l'homme. Les questions qui constituent le sillage de la philosophie kantienne : « Que puis-je savoir ? », « Que dois-je faire ? », « Que m'est-il permis d'espérer ? », trouvent chacune leur ancrage dans le problème humain. Et ce n'est pas un hasard si Kant achève sa carrière philosophique par une *Anthropologie d'un point de vue pragmatique*, dernier ouvrage édité par Kant même, en 1798.

Dans cette période où Kant ne publie pas ont lieu pourtant deux rencontres décisives, avec Rousseau (1712-1778) et avec le philosophe David Hume (1711-1776). À la fin de l'année 1762, Kant découvre l'*Émile*, lecture qui l'enthousiasme tellement qu'il en vient à renoncer à sa promenade quotidienne. Le philosophe genevois apparaît dans un premier temps aux yeux de Kant comme le « second Newton », le premier ayant sondé l'infinité du monde stellaire, celui-ci sondant les tréfonds de l'âme humaine. En Rousseau, Kant découvre une critique percutante des Lumières, exprimée en particulier dans cet ouvrage ayant reçu en 1750 le premier prix de l'Académie de Dijon, le *Discours sur les sciences et les arts.* Kant, l'un des protagonistes de premier ordre de l'*Aufklärung*, prélève toutefois dans sa lecture de Rousseau une remise en cause des présupposés les plus marqués du siècle, la croyance en l'omnipotence de la pensée rationnelle. S'il ne renoncera pas à l'optimisme du siècle — l'*Idée*, tout orientée par le progrès, en témoigne —, Kant se refusera toutefois à prendre la raison comme un absolu inquestionnable.

Une autre rencontre déterminante de la même période, celle avec Hume, a réveillé Kant de son « sommeil dogmatique », ainsi qu'il le souligne dans les *Prolégomènes.* Le scepticisme de Hume, arme contre le dogmatisme, pousse Kant à remettre en cause les assertions injustifiées de la métaphysique. L'Écossais le mène alors sur le chemin de la critique, c'est-à-dire du kantisme.

2. *L'avènement du kantisme : voyage au centre de l'humain*

La période qui vient de s'achever aurait sans doute laissé définitivement Kant dans l'ombre s'il n'avait eu la chance de vivre longuement. Le savant de Königsberg, au crépuscule des années 1760, n'est pas encore le philosophe de Königsberg. Mais il est en passe de le devenir. Rousseau, sur le plan éthique, l'a « mi[s] sur le droit chemin ». Hume, sur le plan théorique, l'invite à réfléchir sur les dogmes métaphysiques. C'est alors que Kant invente le criticisme, posture renvoyant dos à dos le dogmatisme et le scepticisme.

Le premier ouvrage véritablement kantien de Kant, la *Critique de la raison pure,* est toutefois précédé d'une très longue période de gestation, plus longue que Kant ne l'avait escompté. À partir de 1770, et après avoir refusé plusieurs postes, l'un à Erlangen, l'autre à Iéna, Kant devient dans sa ville natale professeur ordinaire de « logique et de métaphysique ». Dans une lettre datée du 21 février 1772 et adressée à Marcus Hertz, il pose les jalons de l'œuvre à venir, présentant son prochain livre comme la « clef de toute l'énigme de la métaphysique ». Il s'agit d'interroger les modalités du savoir, autrement dit de connaître l'instrument du savoir avant de l'utiliser, bref de procéder à une « critique de la raison pure ».

Ce premier ouvrage n'est pas bien reçu, les critiques sont si abondantes que Kant se voit dans l'obligation de s'excuser de ne pouvoir répondre à chacune d'entre elles. Le professeur, désormais authentique philosophe (même si Kant répugne à se prétendre l'auteur d'une philosophie, se considérant plutôt comme le simple porte-parole d'une révolution nécessaire dans la pensée, la critique), reconnaît lui-même, pour avoir été pressé d'achever l'ouvrage, avoir dû remettre à plus tard certaines corrections, moins sur le plan conceptuel que sur le plan stylistique. Lorsque la première édition de la *Critique de la raison pure* est achevée, Kant se trouve déjà aux deux tiers de sa vie et ne peut dorénavant compter que sur sa seule longévité, qui sera effectivement exceptionnelle pour l'époque, pour mener à bien son entreprise. Or, à partir de 1781, les écrits vont s'enchaîner presque frénétiquement. Il aura fallu à Kant une hygiène de vie d'une rigueur sans faille pour accomplir son projet.

3.

La force de l'habitude

1. *Une existence métronomique*

Dans la vie de Kant, il ne se passe pour ainsi dire rien. Les jours s'écoulent, non pas tel un long fleuve tranquille, mais selon la régularité d'un métronome. L'homme, désormais à l'abri de tout souci matériel, travaille dans sa maison de la *Prinzesstrasse*, accompagné de son vieux serviteur Lampe. Ce dernier, chaque matin à 5 heures, réveille son maître, qui se dirige, alerte et en pleine possession de ses moyens, dans son bureau où, buvant du thé (Kant jugeait le café malsain) et fumant l'unique pipe de la journée, il travaille, préparant son enseignement qui débute à 7 heures. Après les cours consacrés l'été à la géographie physique et à la logique, l'hiver à la métaphysique et à l'anthropologie, Kant regagne son bureau, n'en sortant plus jusqu'à l'appel de Lampe pour le déjeuner, à 13 heures. Les déjeuners de Kant constituent pour lui la quintessence de la vie sociale. À cette époque avancée de sa vie, en effet, Kant a élaboré un véritable système d'hygiène dont nous conservons quelques éléments, référencés dans la troisième section du *Conflit des facultés*. Entre les recommandations concernant les pieds, à tenir au froid, celles portant sur la nécessité de dormir peu, « le lit [étant] le nid d'une quantité de maladies », et de maintenir la fenêtre de sa chambre constamment close pour prévenir l'immixtion de parasites (recommandation probablement — et heureusement ! — non suivie par Lampe), est développée une esthétique de la conversation. Or celle-ci trouve à s'incarner au mieux à l'occasion de déjeuners avec quelques convives. Le déjeuner est d'ailleurs pour Kant le seul repas de la journée et, lorsqu'il reçoit ses amis à table, il dévore, néanmoins affable, capable d'évoquer n'importe quel sujet sans jamais s'autoriser à entrer dans des discussions de fond, nocives, selon lui, à la digestion. Les déjeuners de Kant, se prolongeant souvent jusqu'à 16 ou 17 heures, sont les seuls vrais moments, légers et enjoués, passés avec autrui. En dehors d'eux, sa vie est celle d'un solitaire, certainement pas celle d'un misanthrope cependant ; simplement d'un homme ayant choisi de se vouer tout entier à son travail.

Après le déjeuner, Kant se promène, toujours seul, considérant que la marche n'autorise pas l'échange dialogué, nuisible pour la respiration. Cette promenade quotidienne est devenue si légendaire que les habitants de

Königsberg ont fini par l'appeler « la promenade du philosophe ».

Le jour tombant, Kant consacre ses soirées à quelques lectures divertissantes, celles des journaux et des gazettes, tant appréciées par lui.

Ce mode de vie, soumis à une hygiène frisant parfois l'obsession, est sans doute le seul qui ait pu permettre à Kant d'achever son entreprise. Il est certes difficile de savoir si l'observance scrupuleuse des règles que Kant s'est fixées a pu participer à sa longévité. Certaines de ces règles étaient incontestablement malsaines, voire nocives (Kant recommandait par exemple de boire très peu...), mais elles sont significatives de la conscience que le philosophe avait de sa constitution chétive, ne lui permettant aucun excès. Somme toute, et comme le souligne Soscenko dans son *Retour de jeunesse* (cité par Arsenij Goulyga dans sa biographie consacrée à Kant), le philosophe de Königsberg a fait de lui « une machine à travailler ».

2. « *Un authentique professeur d'humanité* »

La vie de Kant, si elle ne connaît aucun événement marquant — ni rencontre amoureuse, ni naissance, et jusqu'à sa mort même, aussi banale que le déroulement de sa vie —, fait cependant événement. Pour la raison essentielle, d'abord, qu'il parvient à achever son système critique, et qu'il peut alors se retourner sur une vie ne s'étant pas déroulée en vain. Lui-même souligne, sans aucune manifestation de suffisance : « Rien ne peut être plus consolant, lorsqu'on s'apprête à quitter la vie, que de voir que l'on n'a pas vécu en vain. » Les questions qui ont jalonné sa quête philosophique trouvent leur point d'achoppement dans l'humain. L'humain constitue pour Kant le moteur et la fin de la réflexion philosophique et ce n'est pas un hasard si, d'une part, Kant a consacré de nombreuses pages à l'éducation et si, d'autre part, on l'a vu, le dernier texte édité par ses soins est une anthropologie.

Son intérêt pour l'éducation se manifeste assez tôt dans sa carrière et il consacre quelques cours, aujourd'hui réunis en un volume sous le titre *Réflexions sur l'éducation*, à la pédagogie. Observateur attentif de cette école expérimentale que fut le *Philanthropium* fondée par Johann Bernhard Basedow à Dessau, Kant note : « L'homme ne peut devenir homme que par l'éducation. Il n'est rien d'autre que ce que l'éducation fait de lui. » Or le but essentiel de l'éducation est l'accès à la majorité, c'est-à-dire à la capacité, ainsi qu'il l'écrit dans son petit opuscule *Qu'est-ce que les Lumières ?*, à se servir soi-même de son propre entendement, ce qui passe par un apprentissage de l'autonomie, celle-ci n'étant accessible que si, dès l'enfance, on renvoie, autant que faire se peut, le petit être en devenir à lui-même.

Kant, qui n'eut pas d'enfants, s'est donc pourtant intéressé de près à leur éducation. Tout comme Rousseau qui, lui, en eut, mais ne les éleva pas, il voyait en l'enfant le futur adulte, lui-même seulement perçu au regard de son humanité. On peut, *in fine*, lire toute l'entreprise philosophique kantienne sous l'angle de ce problème : comment faire advenir, du sein de l'individu, ce que sa qualité d'humain exige de lui ?

Kant, sans descendant par conséquent, a eu toutefois de nombreux élèves. Sa carrière suit un parcours qui — alors qu'il refuse beaucoup de postes, dont certains, prestigieux, pour ne pas quitter sa ville natale — aboutit à une véritable reconnaissance institutionnelle. C'est un professeur apprécié de ses élèves. Herder notamment, même s'il a pourtant clairement manifesté son opposition, on l'a vu, à certaines des thèses soutenues par son maître, en dresse un portrait proche du panégyrique, insistant sur ses qualités intellectuelles exceptionnelles — cela est entendu — mais aussi humaines, sur sa capacité à mobiliser des références inconnues de tous et à faire vivre la pensée en toute sérénité, sans arrogance aucune. Incontestablement, Kant ne vécut pas son professorat comme une activité externe à la pensée, mais bien plutôt comme le lieu d'une pensée qui s'élabore devant un auditoire invité non pas à recevoir passivement mais à activer les ressorts de sa propre capacité réflexive.

Au soir de sa vie, le philosophe de Königsberg, qui s'était chaque jour de sa vie assis « devant cette enclume qu'[était son] bureau », est membre de l'Académie des sciences de Berlin et de celle de Russie. Il donne son dernier cours le 23 juillet 1796. Ses forces s'essoufflent, la sénilité le gagne. À l'hiver 1803, devenu presque aveugle, il ne lit plus. Il ne reconnaît plus sa sœur Barbara, qui demeurait alors chez lui. Il meurt le 12 février 1804.

Trois questions posées au texte

1.

Qu'est-ce que l'homme ?

1. *L'homme n'est rien*

L'homme, comme tout autre être vivant, est doté d'organes répondant à une fonction précise. Au plan physique, l'homme fonctionne comme les autres créatures de la nature et, parce que celle-ci n'agit pas sans but, « un organe qui ne doit pas être utilisé, un agencement qui n'atteint pas son but » ne peuvent apparaître que comme « des contradictions au regard de la nature ». Si la doctrine téléologique de la nature ne constitue certes qu'un fil conducteur de la raison, et ne doit donc pas être considérée comme une réalité objective, reste qu'elle permet d'atténuer le spectacle désolant qu'offre le monde, dès lors que celui-ci n'est pas ramené à des fins qui, encore une fois, pour n'être pas objectives, offrent cependant un horizon de sens. Et parce que, d'autre part, nous constatons, au plan empirique, c'est-à-dire *a posteriori*, une capacité d'adaptation dont dispose l'homme, nous pouvons à bon droit considérer le progrès comme ce fil conducteur liant les phénomènes entre eux, de telle sorte que se dessine une histoire humaine offrant l'espoir d'une amélioration du genre humain. Si l'homme en effet appartient en partie à l'ordre naturel, c'est-à-dire au monde sensible, il ne s'y réduit pas pour autant. Car là où l'animal est pour ainsi dire immédiatement lui-même, l'homme n'est quant à lui qu'un être démuni ayant à développer des artifices pour remédier au manque de dotation physique requise pour survivre dans une nature ingrate. L'homme, d'emblée, n'est donc rien, au sens où il doit « tire[r] entièrement de lui-même tout ce qui dépasse l'ordonnance mécanique de son existence animale » (proposition 3). Pour ce faire, il dispose d'atouts qui en font un être tout à fait exceptionnel, irréductible à la naturalité, à savoir la raison et la liberté.

La liberté est en effet la marque essentielle de l'homme, la qualité sans laquelle il ne peut être dit humain. Elle est ce grâce à quoi l'homme s'arrache aux déterminismes naturels, devant alors s'autodéterminer. Or c'est précisément parce que l'homme n'est pas prisonnier des déterminismes naturels qu'il se heurte au problème de l'histoire. On peut affirmer que l'homme entre comme malgré lui dans l'histoire puisque, la nature ne lui ayant pas fourni le cadre qui lui permettrait de couler une vie d'indolence, mais l'ayant au contraire exposé à sa rudesse sans le doter des organes dont disposent les animaux pour œuvrer à leur survie, l'homme n'a pas d'autre choix que de créer un univers culturel. Celui-ci apparaît en ce sens comme l'effet d'une liberté contrainte de s'actualiser : c'est bien parce que l'homme est libre qu'il peut inventer les moyens de sa subsistance, mais c'est parce qu'il ne dispose pas spontanément de ces moyens de subsistance qu'il doit user de cette liberté pour les inventer. Les sociétés d'abeilles ou de fourmis sont sans histoire parce que seul l'instinct les guide et fait d'elles « au bout de quelques mois ce qu'[elles] ser[ont] toute [leur] vie », ainsi que l'écrivait Rousseau dans son *Discours sur l'origine et les fondements de l'inégalité parmi les hommes* en 1755.

Kant, grand admirateur de Rousseau, se situe bien ici

dans le sillage du philosophe genevois. Ce dernier, en effet, s'il considère l'homme à l'état de nature comme très proche de l'animal, insiste aussi sur une faculté propre à l'homme et qui ne s'apparente pas à une différence de degré entre l'homme et l'animal, mais à une différence de nature, renvoyant l'homme et l'animal à deux ordres ontologiques foncièrement hétérogènes. Il s'agit de la perfectibilité, « faculté qui, à l'aide des circonstances, développe successivement toutes les autres ». La perfectibilité est une puissance normative qui permet à l'homme de se faire advenir en tant qu'homme. Pour Rousseau, cette faculté se révèle à double tranchant puisque, autant elle peut générer de véritables progrès, autant elle peut aussi être régressive, faisant alors « tombe[r l'homme] plus bas que la bête même ». Elle demeure cependant ce qui fait sortir l'homme de cet hypothétique état de nature, le propulsant par là même sur la scène de l'histoire.

À la différence toutefois de Rousseau, Kant perçoit l'alliée de la liberté, c'est-à-dire la raison, comme une faculté qui, si elle ne trouve pas d'emblée le terreau de son plein épanouissement, dessine néanmoins le chemin, certes long, conduisant vers la moralisation de l'homme. Mais cette moralisation, point de fuite du lent et douloureux déploiement du progrès, présuppose, comme au fondement même de son idée, que l'homme devienne ce qu'il doit être, à savoir avant tout un être historique.

2. *L'humanité est historicité*

L'homme est un être déchu et c'est pourquoi il travaille. Parce que, comme l'écrit Fichte dans le *Fondement du droit naturel*, « l'homme seul originairement n'est absolument rien », il doit s'adapter à tout. Car la nature semble « ne s'être nullement attachée à ce qu'il vive agréablement ». Elle s'est en fait résolue à le faire souffrir. Mais elle l'a doté d'une raison qui, à la différence de celle de Rousseau, n'a pas vocation à faire regretter à l'homme ces temps d'innocence où lui et la nature ne faisaient qu'un, quand l'homme, inconscient de sa capacité réflexive, demeurait encore étranger au vertige des passions. La raison chez Kant, du moins dans l'*Idée*, est un « pouvoir permettant d'étendre bien au-delà de l'instinct naturel les règles et les desseins qui président à l'usage de toutes ses forces » (proposition 2). Elle tâtonne cependant, doit s'exercer, progressant « peu à peu d'un degré d'intelligence à un autre ». C'est grâce à elle que l'homme fait des découvertes, trouve des moyens de subsistance, ceux-là mêmes que la nature ne lui a pas offerts. Le monde se forme dans et par la formation de l'homme même. La raison constitue donc de prime abord une capacité technicienne par laquelle l'homme tire de la nature, la transformant du même coup, ses moyens de subsistance, puis des moyens plus élaborés pour vivre jusqu'à en oublier la nature, dans le confort. Assurément, les bénéfices des découvertes des hommes ne se récoltent pas individuellement, chaque génération travaillant pour les générations à venir, de telle sorte que cette vie de labeur peut paraître bien désolante. Kant insiste sur ce point : le progrès traverse les générations et ne sert en définitive que l'humanité, pas l'homme en particulier. Or cela fait sens dans la mesure où l'horizon du progrès dessiné dans l'*Idée* renvoie à ce qui doit définir l'humanité de l'homme et non son individualité. Le dessein de la nature, en effet, ne vise pas l'homme, mais l'humanité, si bien que les hommes eux-mêmes, dont l'existence éphémère peut en elle-même paraître absurde, ne peuvent se consoler que dans ce qui à la fois les transcende et les rassemble : l'espèce.

L'historicité de l'humanité se définit par conséquent dans un premier temps par le vide qui creuse l'abîme entre l'homme et l'animal, à savoir l'impossibilité pour l'homme de trouver toutes faites les réponses aux problèmes que lui pose la nature. Mais, précisément, parce que l'homme, grâce à sa raison et sa liberté, œuvre pour lui-même, il fait simultanément advenir un monde culturel qui s'apparente à une progression vers la résolution du « plus grand problème pour l'espèce humaine, celui que la nature contraint l'homme à résoudre », à savoir « d'atteindre une société civile administrant universellement le droit » (proposition 5). Il s'agit maintenant de comprendre pourquoi ce problème est « le plus difficile, celui que l'espèce humaine résoudra en dernier ».

3. *Le courbe et le droit*

La réponse donnée par Kant, toute pessimiste qu'elle apparaît, est claire. Elle offre une caractérisation de l'homme qui jalonne en réalité toute la philosophie kantienne. L'homme est hanté par le mal : « Le bois dont l'homme est fait est si courbe qu'on ne peut rien y tailler de bien droit. » Cette image, qui parcourt les écrits kantiens, est empruntée à saint Augustin (354-430) qui, pour définir le pécheur, emploie le terme *curvatus.* Augustin veut dire par là que l'homme, au lieu de s'élever vers le ciel, s'abaisse aux choses terrestres. On retrouve cette image chez Luther (1483-1546), qui est probablement ici la source directe de Kant. Luther, dans un cours sur l'*Épître aux Romains* de saint Paul, insiste sur le fait que l'homme n'est pas capable d'un amour de soi raisonnable, mais qu'il est foncièrement égoïste. Or aimer présuppose comme à son fondement de se haïr soi-même. Mais l'homme, loin de satisfaire à l'exigence d'aimer son prochain comme lui-même, s'aime en réalité par-dessus tout. Les passions mentionnées par Kant dans l'opuscule, dont les principales sont l'obsession de l'honneur, la soif de domination et la cupidité, s'enracinent toutes dans l'égoïsme, compris comme un amour excessif de soi-même, et que Kant, dans la *Fondation de la métaphysique des mœurs,* nommera « amour pathologique », premier mal à éradiquer pour fonder la morale (en le supplantant par le respect). Mais si ce mal est si radical en l'homme, alors pourrait-on, ainsi que l'écrit Kant dans *La religion dans les limites de la simple raison*, « s'attendre à pouvoir charpenter avec un bois aussi courbe quelque chose de parfaitement droit ? ». À cet endroit du texte où Kant insiste tant sur le mal inhérent à l'homme, c'est-à-dire la proposition 6 de l'*Idée* (si étonnante au regard de l'ensemble de l'opuscule, comme on s'efforcera de le montrer plus loin), l'enjeu n'est plus seulement d'ordre culturel (politique). Il est clairement d'ordre éthique. S'il s'agit bien à cet endroit d'instituer une cité éthique, alors cette Idée si « sublime » présuppose, comme le souligne Alexis Philonenko dans sa *Théorie kantienne de l'histoire*, que « l'homme doi[ve] aller du *courbe* au *droit* ». Or « la difficulté, que la simple idée de cette tâche nous met déjà sous les yeux, est la suivante : l'homme est un animal qui, lorsqu'il vit parmi d'autres individus de son espèce, *a besoin d'un maître.* Car il abuse à coup sûr de sa liberté à l'égard de ses semblables ; et même s'il souhaite, en tant que créature raisonnable, une loi qui mette des bornes à la liberté de tous, son inclination animale et égoïste le conduit cependant à s'en excepter lui-même lorsqu'il le peut. Il a donc besoin d'un *maître* qui brise sa volonté particulière et le force à obéir à une volonté universellement valable, afin que chacun puisse être libre ». Dans ce passage, le problème de la réalisation du droit ne dépend plus d'un dessein de la nature se réalisant au travers des hommes, par les progrès qu'ils transmettent aux générations suivantes. Le problème est posé en termes moraux, d'où cette notion de « volonté bonne » qui apparaît plus bas dans la proposition 6. Selon cette perspective, la liberté comme volonté morale se présente conjointement comme le terme et le moteur du progrès. Mais en ce cas, et parce que le maître lui-même est un homme, donc taraudé par le mal, la distance entre l'Idée et sa réalisation est infranchissable.

Si l'homme est mauvais, et si l'institution d'une société civile requiert une volonté bonne, alors cette institution n'aura pas lieu.

4. *À quoi l'homme est destiné*

« Une génération doit en éduquer une autre, et c'est seulement l'espèce, et non pas l'individu, qui atteint sa destination. » La destination de l'homme est en effet celle de l'humanité. Les hommes, qui ne s'intéressent qu'à leur quant-à-soi, ne voient pas « qu'en poursuivant leurs fins particulières, chacun selon son avis personnel, et souvent à l'encontre de l'autre, ils s'orientent [...] au dessein de la nature, qui leur est lui-même inconnu, comme à un fil conducteur, et travaillent à favoriser sa réalisation ». L'histoire de l'humanité dépasse en effet tellement la courte et misérable vie de l'individu qu'il ne peut conformer sa liberté au devenir universel de l'humanité. Mais si l'homme est mortel, l'humanité est immortelle. L'enjeu sous-jacent dans ces passages est essentiel puisqu'il conduit à ce constat que l'individu n'atteint pas sa destination éthique. L'individu œuvre, sans même en avoir conscience, pour la destination de l'humanité. La seule chose qui se réalise véritablement au plan individuel est la part animale en l'homme. Pour le reste, « les dispositions naturelles qui visent à l'usage de sa raison ne devraient être développées complètement que dans l'espèce, mais non dans l'individu ».

Comment, dès lors, n'être pas désespéré ? Comment ne pas suspecter la nature de se jouer de nous ? L'homme, qui prend conscience de lui-même et du devenir de son espèce, est condamné à ne voir en lui qu'un simple moyen dans un plan qui le surpasse. Sa liberté semble ne servir qu'une logique somme toute immanente à l'histoire, ce qui paraît d'ailleurs considérablement remettre en cause l'efficacité d'une telle liberté. Cette liberté, il est vrai, n'institue pas un ordre nouveau au sein d'un ordre préexistant. Elle ne fait qu'actualiser des potentialités inscrites en l'homme, mais pour les autres hommes. Ce faisant, plutôt que de se lamenter, l'homme conscient n'a peut-être pas mieux à faire que d'intégrer l'humanité en lui, c'est-à-dire d'œuvrer pour un ailleurs qui, s'il n'est pas détectable ici et maintenant, a au moins le mérite de n'être pas déclinable, car l'humanité, immortelle, est aussi un absolu. L'homme ne peut alors être que le dépositaire d'un absolu qui lui échappe, mais qui confère cependant un sens à la peine qu'il endure.

2.

Quel sens l'histoire peut-elle avoir pour nous ?

1. *L'étoffe du monde*

Pour celui qui le regarde, le monde apparaît comme un « tissu de folie », dont la trame, fragile, est faite de violence, si bien que ce tissu s'étend dans le bruit et la fureur, dans la déchirure, et que son unité semble mise à mal. Le « chaos des événements » donne l'impression en fait de le réduire en miettes, en petits mondes humains secoués par la passion, l'égoïsme, ce mal radical poussant chacun à dominer l'autre. Le *Sturm und Drang*, mouvement intellectuel ayant clamé la force sauvage, frénétique mais aussi désemparée de l'individu dans la seconde moitié du XVIIIe siècle en Allemagne, et que Kant a considéré seulement comme un écho à taire, habite pourtant les premières pages de l'*Idée.* Certes, ce n'est pas le mal qui habite le *Stürmer,* plutôt le désir insatiable d'absolu, mais, précisément, parce que ce désir s'exprime dans une quête dont les termes sont contradictoires, l'exigence de vivre individuellement le tout, ce héros se condamne à briguer des aspirations inassouvissables contre l'essoufflement de ses forces. Le *Stürmer,* en effet, ne peut être qu'un rebelle, puisqu'en refusant la raison il refuse du même coup l'ordre des faits. Et puisque cet ordre ne laisse paraître aucun progrès véritable — ce pourquoi le *Stürmer* constitue bien une figure d'opposition à l'*Aufklärer* —, on n'a plus qu'à se réfugier dans une exaltation fiévreuse, illuminée, ravageuse aussi, d'un sujet qui, en n'acceptant pas les prérogatives de la raison, considérées d'ailleurs comme nulles et non avenues, renoue avec sa force instinctive pour tenter de vivre dans la spontanéité. Le miroir du monde, dressé de manière éphémère par le *Stürmer* (le mouvement ne dura que quelques années), réverbère les motifs pléthoriques, sarabande de courbes et de trompe-l'œil, propres à l'esthétique baroque. Ce chaos ne saurait être purement et simplement dénigré par Kant, qui y décèle les signes d'une nature humaine indisciplinée, mauvaise, encline à s'affirmer sur le théâtre du monde. On a vu comment ce désir de domination fait entrer en rivalité les hommes, formant par là un monde désordonné. Mais on ne peut, selon Kant, s'en tenir là. Et ce, pour deux raisons essentielles.

D'une part, une raison de fait, observable *a posteriori* : le progrès est visible. Or il ne s'agit pas seulement de progrès techniques, mais également de progrès éthiques, par quoi on entend ici, pour bien marquer la différence avec la moralisation visée, le développement de qualités sociales, telles que la politesse, le respect des bienséances, qui instituent des rapports pacifiques entre les hommes. La raison, si elle tâtonne, ne s'en exerce pas moins et si, dans un premier temps, elle renvoie à une capacité essentiellement technico-pragmatique, elle s'apparente peu à peu à une faculté de discernement des principes.

D'autre part, Kant refuse, *a priori*, de renoncer au sens. En tant qu'homme des Lumières, il ne se résout pas à tomber dans l'attitude désabusée du sceptique. En tant que philosophe critique, sa rationalisation conceptuelle des événements ne peut néanmoins qu'être limitée.

Parce que la question du sens ne peut être évincée, ni dogmatiquement résorbée dans une solution de type théologique, il s'agit alors de dégager une cohérence du chaos des événements qui, sans annuler leur contingence, offre aussi à l'humanité une perspective réconfortante, légitimement posée pour qui prend conscience de sa nature supra-sensible.

2. *Le sens : condition de l'élévation de l'homme*

On est habilité à transposer dans le réel un principe de réflexion qui, dans l'histoire, s'apparente à une explication causaliste des phénomènes. Cette explication doit être poussée aussi loin que possible dans la mesure où elle seule permet d'élaborer des connaissances. À cette explication causaliste est donc adjoint le jugement de finalité circonscrit dans son usage critique, que Kant oppose comme suit à son usage dogmatique : « Nous procédons avec un concept d'une manière simplement critique, lorsque sans entreprendre de décider quelque chose sur son objet, nous le considérons seulement en relation à notre faculté de connaître, et par conséquent aux conditions subjectives nécessaires pour le penser. Le procédé dogmatique concernant un concept est ainsi celui qui est conforme à la faculté de juger déterminante ; le procédé critique est celui qui est conforme à la faculté de juger réfléchissante » (*Critique de la faculté de juger*, paragraphe 74). Grâce au jugement réfléchissant, l'empiricité des événements trouve un principe de cohésion. En liant les événements entre eux, mais de manière purement subjective, c'est-à-dire sans prétendre déceler un lien réel, objectif, entre ces événements, l'historien se donne les moyens d'écrire l'histoire. Dans la « Dialectique transcendantale » de la *Critique de la raison pure*, Kant énonçait déjà cette exigence de sens au regard du monde dans son ensemble, en nous enjoignant de « regarder toute liaison dans le monde comme résultant d'une cause absolument nécessaire et absolument suffisante pour y fonder la règle d'une unité synthétique et nécessaire suivant des lois générales dans l'explication de cette liaison ». Au moyen de ce principe régulateur, qui s'apparente à un principe d'unification des phénomènes alors subsumés sous des lois, la raison historienne peut envisager « l'ensemble de l'espèce » et donc « écrire une histoire universelle d'un point de vue cosmopolitique ».

Ce sens, si revendiqué, mais encore une fois scrupuleusement circonscrit aux attentes légitimes de la raison humaine sans être autorisé à arraisonner le réel, apparaît comme la condition d'une élévation, en l'homme, de la nature à la liberté. L'histoire, en effet, ne peut être écrite ni d'un point de vue strictement physique, comme dans le cas des animaux qui, parce qu'ils sont rivés à leur instinct, demeurent irrémédiablement soumis aux lois de la nature ; ni d'un point de vue exclusivement métaphysique, qui présupposerait que l'histoire des hommes soit par elle-même rationnelle. De même que l'homme réunit en lui les deux ordres, naturel et métaphysique, de même l'histoire offre le lieu de la synthèse d'une nature régie par des lois et de la liberté. L'homme est l'auteur de son histoire et même s'il n'en est pas pleinement conscient, il actualise des dispositions inscrites en lui en œuvrant, certes parce que la nature l'y force de prime abord, à la pacification de ses rapports avec ses congénères. C'est donc le droit qui réalise la synthèse de la nature et de la liberté. La fin de l'espèce humaine, à prendre comme une « idée très utile du but vers lequel nous devons orienter nos efforts conformément à la Providence », est bien la réalisation d'une « constitution qui recherche *la plus grande liberté humaine* selon des lois faisant en sorte que *la liberté de chacun puisse coexister avec celle des autres* ». Comment réaliser cette fin ?

3.

Comment le droit peut-il triompher ?

1. *« Un accord à la société pathologiquement extorqué »*

Les propositions 4 à 7 de l'*Idée* rendent compte de l'évolution de l'espèce humaine, de sa sortie de l'état de nature, que Kant, dans son texte, nomme « état brut », à la perspective d'un ordre mondial. La quatrième proposition, centrée sur le concept d'insociable sociabilité, fournit les raisons dynamiques d'une sortie de l'état de nature. On a déjà eu l'occasion de montrer comment cette entrée dans l'histoire apparaît éminemment paradoxale puisque c'est de la pseudo-liberté des hommes, c'est-à-dire de la soumission à leurs penchants, que résulte une évolution nécessaire vers la liberté et la morale. L'accord à la société est « pathologiquement extorqué » en ce sens que la réunion des individus est réalisée au moyen de forces qui les dressent les uns contre les autres. Si donc la nature, « qui sait mieux que [l'homme] ce qui est bon pour son espèce, veut la discorde », c'est parce que la discorde constitue le moyen pour atteindre la concorde. Les passions les plus condamnables en l'homme sont aussi celles qui le poussent à se développer, ce qui revient à dire qu'il y a un bien du mal, ce bien étant toutefois extrinsèque au mal. Extrinsèque, en effet, puisqu'il se situe au niveau de l'espèce, autrement dit sur le plan de l'universalité. Le mal observable chez l'individu, au plan particulier, constitue un bien pour l'espèce parce qu'il contraint les hommes à entrer en rivalité, cette rivalité faisant se développer en eux des qualités seulement en germe à l'état de nature, jusqu'à leur permettre de comprendre que cette prétendue liberté à l'état brut demeure inconsistante tant qu'elle n'est pas jugulée par des règles de droit. L'égoïsme farouche des hommes, s'il est dans un premier temps exacerbé au contact des autres, trouve paradoxalement son véritable lieu d'épanouissement dans son propre dépassement : la force brute est vaine, alors que sa sublimation dans le droit, compris comme un dispositif de contraintes, lui offre les moyens d'une effectivité certes limitée mais réelle. L'intelligence des hommes progresse peu à peu, ceux-ci deviennent plus prudents et comprennent finalement qu'il est dans leur intérêt de s'associer. Civilisés, les hommes sont des égoïstes éclairés.

Le dessein de la nature se réalise donc au travers des hommes. Ces derniers n'en sont pour autant pas de simples moyens, parce qu'ils disposent d'une liberté à laquelle la nature les a abandonnés à l'origine. C'est bel et bien l'homme qui est « contraint » de résoudre ce problème, le plus grand que la nature lui ait posé, à savoir, ainsi que le formule Kant dans la cinquième proposition, la réalisation d'une « société civile administrant universellement le droit ».

La conception téléologique de la société doit ainsi être comprise selon une dynamique dans laquelle les forces en présence sont portées à leur paroxysme et ne s'équilibrent que si, à l'exercice maximal de la liberté, répond une contrainte de même degré. Autrement dit, plus l'affirmation de la liberté est forte, plus la force du droit doit être « irrésistible ». Sans l'instauration d'une constitution civile parfaitement juste, les hommes demeurent dans cette détresse propre à l'état de liberté sauvage et qui ne leur permet pas de « subsister longtemps les uns à côté des autres », de la même façon que des arbres isolés « poussent rabougris, tordus et courbés ». Et de même, au contraire, que les arbres qui essaient de « ravir à l'autre l'air et le soleil, se contraignent réciproquement [...] et poussent beaux et droits », de même « l'insociabilité est forcée de se discipliner ».

2. *L'autre philosophie de l'histoire : l'aporie du maître*

Cette théorie du dessein de la nature selon laquelle les effets de la liberté dans la nature consistent en un accomplissement du progrès légal est pourtant contrebalancée, voire démentie, par un tout autre argument dans la sixième proposition. Selon cette proposition, la réalisation du droit dans l'histoire semble mobiliser la moralité. Kant explique que, pour être éduqué à la légalité, l'homme a besoin d'un maître : « [...] l'homme est un animal qui, lorsqu'il vit parmi d'autres individus de son espèce, *a besoin d'un maître.* Car il abuse à coup sûr de sa liberté à l'égard de ses semblables ; et même s'il souhaite, en tant que créature raisonnable, une loi qui mette des bornes à la liberté de tous, son inclination animale et égoïste le conduit cependant à s'en excepter lui-même lorsqu'il le peut. » Ce qui est ici posé, c'est le problème de la souveraineté. Puisque la société civile émerge nécessairement et que les hommes n'y consentent que sous la contrainte de la nature, un pouvoir doit prendre le relais de cette contrainte car l'homme, par nature, cherche à s'excepter de la loi. Un souverain est ainsi censé exercer la contrainte légalisée dont dépend l'existence de la société civile. Mais où trouver ce souverain ? À quoi Kant répond aussitôt : « Nulle part ailleurs que dans l'espèce humaine. » Mais comment, alors, réaliser l'atteinte d'une « société civile administrant universellement le droit » si, d'une part, un chef suprême juste par lui-même est requis, et si, d'autre part, ce chef étant un homme, comme tous les hommes, il ne peut qu'être enclin à s'excepter des limitations imposées par la loi ? La clef de ce problème, qui, énoncé dans ces termes, apparaît comme un cercle vicieux, se situe dans la notion de volonté bonne à laquelle Kant fait référence à la fin de ce sixième paragraphe. Or, une telle volonté n'étant pas décelable dans le monde humain, hanté par le mal, il faut en conclure que la solution à ce problème, le plus difficile qui soit posé à l'espèce humaine, est impossible. Dans cette perspective, la constitution civile parfaite ne peut être envisagée que comme une Idée vers laquelle, telle une asymptote (ligne droite qui s'approche indéfiniment d'une courbe sans jamais la couper), les hommes doivent tendre. Cette solution est en vérité pour l'heure inaccessible puisqu'elle suppose que les hommes soient non seulement civilisés, mais encore déjà moralisés. Or, comme Kant l'indique plus bas dans son texte (proposition 7) : « Nous sommes hautement *cultivés* par l'art et la science. Nous sommes *civilisés*, jusqu'à en être accablés, pour ce qui est de l'urbanité et des bienséances sociales de tous ordres. Mais il s'en faut encore de beaucoup que nous puissions déjà nous tenir pour *moralisés*. » La solution parfaite au problème posé relève ainsi de l'Idéal du Souverain Bien.

3. *Nourrir une espérance*

La septième proposition reprend le modèle du dessein de la nature, en l'appliquant cette fois au niveau interétatique. La Société des Nations, que Kant appelle de ses vœux, devrait faire régner une coexistence pacifique entre les États qui, à leur échelle, se comportent comme des individus, idée sur laquelle Kant reviendra plus tard, notamment dans le *Projet de paix perpétuelle* en 1795. Il y écrira ainsi (deuxième article définitif pour la paix perpétuelle) : « Les peuples, en tant qu'États, peuvent être jugés comme des individus. » La socialisation internationale prend en réalité la même forme que la socialisation des hommes. Elle est l'effet de leur insociabilité et leur est, là encore, « pathologiquement extorquée » par la violence. En la circonstance, c'est la guerre qui, d'un point de vue téléologique, apparaît comme le moyen de la paix : « Toutes les guerres sont autant de tentatives (non pas bien entendu dans l'intention des hommes, mais dans celle de la nature) pour mettre en place de nouvelles relations entre les États, pour former par la destruction des anciens, ou tout au moins, par leur morcellement, de nouveaux corps qui cependant ne peuvent à leur tour se maintenir, soit en eux-mêmes, soit les uns à côté des autres — et doivent par conséquent subir de nouvelles révolutions semblables aux précédentes. » S'appuyant sur le modèle physique de l'automate, Kant annonce que l'Ancien Régime disparaîtra quand, « en partie grâce à la meilleure organisation possible de la constitution civile à l'intérieur, en partie grâce à une législation et une concertation communes à l'extérieur, un état de choses s'instaure[ra] qui, semblable à une communauté civile, pourra se maintenir de lui-même ».

Les deux hypothèses présentées par Kant dans la septième proposition — et tout aussitôt rejetées — ne visent qu'à appuyer la théorie du dessein de la nature, à montrer par conséquent comment une Société des Nations résultera de l'antagonisme des États. On ne peut en effet considérer, selon l'hypothèse épicurienne, que c'est par le plus grand des hasards que cette Société des Nations émergera. On ne peut non plus retenir l'hypothèse de Mendelssohn (qui n'est d'ailleurs pas cité en tant que tel dans le texte), selon laquelle l'histoire ne constitue qu'un ensemble de projets partiels et chaotiques propres à faire basculer les Lumières dans le terrorisme. Mendelssohn n'est en fait pas habilité à envisager une telle perspective désastreuse dans la mesure où il refuse d'utiliser un quelconque principe *a priori* pour aborder l'histoire. L'hypothèse retenue par Kant, deuxième proposition du texte, est celle du progrès : la nature, ou Providence, utilise la discorde pour parvenir à la concorde. Mais répétons que cette thèse du progrès, ou dessein de la nature, demeure un fil conducteur pour Kant et que, en aucun cas, le philosophe n'est légitimé à injecter dans le devenir humain une finalité dogmatique au sein de laquelle la liberté n'a pas sa place. Gardons toujours à l'esprit que, selon Kant, la nature abandonne l'homme à sa liberté et c'est de l'affrontement des libertés, compris comme une dynamique des forces en recherche d'équilibre, que peut se construire une progression se rapprochant de l'idéal visé.

Or, parce que la différence entre réalité et idéal, entre l'ordre des faits et l'espace de la normativité (du devoir être), n'est pas seulement d'ordre empirique (malgré les progrès observables *a posteriori*), mais essentiellement d'ordre métaphysique (et on retrouve la double appartenance de l'homme à deux ordres hétérogènes, phénoménal et nouménal), la différence entre culture et moralité persiste. La culture apparaît certes comme une garantie de la Providence, puisque nous observons son développement, mais elle maintient ouverte l'exigence de moralisation des êtres humains, condition sans laquelle le cosmopolitisme ne peut complètement advenir.

C'est pourquoi, ainsi que l'écrira encore Kant dans le *Conflit des facultés* en 1798, « espérer en l'avènement dans l'avenir, aussi tard que cela soit, d'une production politique achevée est un *doux rêve* ». Il est toutefois de notre devoir de tâcher de nous rapprocher toujours davantage de la réalisation de ce rêve. En définitive, le principe heuristique que constitue le dessein de la nature s'apparente également, au plan subjectif, à une perspective consolante. Si nous ne sommes aucunement assurés de jamais réaliser la cité parfaite, nous devons cependant maintenir l'espoir de la réaliser, et prendre pour principe de nos actions de nous approcher le plus possible de cet idéal. Nous ne pouvons en effet refuser à notre liberté une capacité normative propre à franchir tous les obstacles, sous le prétexte, « pernicieux » selon Kant, ainsi qu'il le notait déjà dans la *Critique de la raison pure* à propos de la *République* de Platon, que l'idéal n'est pas praticable. Viser la perfection, outre que cela offre à nos actions un devenir motivant, c'est chercher à dégager des caractères empiriques des individus ce qui leur confère une identité indéclinable et éminemment respectable, l'humanité, ou encore ce qui, par-delà la finitude, offre l'espoir d'un monde qui, sans annuler la contingence à laquelle nous sommes rivés, y introduit un sens palliant l'ironie, la dérision, le malheur.

Groupement de textes

Le sens de l'événement

S'IL NE S'AGIT PAS D'UNE ŒUVRE de circonstance, l'*Idée d'une histoire universelle au point de vue cosmopolitique* répond cependant à des exigences formulées dans un siècle dont le moteur est la rupture avec le passé et les référents traditionnels. Dans le champ de la philosophie de l'histoire, qui constitue en soi une innovation, la tâche qui incombe aux philosophes est de taille puisqu'il s'agit de repenser intégralement le devenir humain, en lui conférant un sens qui ne mobilise plus le schème de la Providence. Les Lumières françaises, souvent incisives dans ce processus d'autonomisation des modes de pensée, recourent massivement, et avec une foi qui vire parfois au culte, à la raison. Mais, ce faisant, il semble bien que l'appréhension du devenir humain sur la scène du monde demeure globale, voire totalisante, donc incapable de réellement saisir la spécificité d'un événement. Kant, au sein de cet univers tendant à se recentrer sur le sujet, occupe une position subtile, puisqu'il mobilise les schèmes et les modes de pensée traditionnels à partir d'une délimitation scrupuleuse de leur pouvoir et de leur champ d'application. S'il en appelle constamment à la Providence, ce n'est qu'en tant qu'idée. S'il pense la trajectoire de l'espèce humaine selon une progression continue, c'est moins par assurance que l'homme est destiné au meilleur que par espoir qu'il tire de lui-même les moyens d'être digne de l'humanité qu'il porte. Quoi qu'il en soit du tour de force réalisé par Kant, son historiographie paraît encore incapable de penser l'idiosyncrasie d'un peuple, d'une époque, d'un événement. On peut ainsi considérer que Kant, au plan méthodologique, a défini une ligne directrice pour le travail de l'historien, en assignant la raison historique au tribunal de la critique. Celle-ci devait toutefois être relayée par une autre exigence, celle de penser le sens d'un événement non pas en référence à une totalité, fût-elle seulement pensée — et non posée — mais à un contexte précis, c'est-à-dire à un ensemble déterminé.

1.

Jacques-Bénigne BOSSUET (1627-1704)

Discours sur l'histoire universelle (1681)

(Bibliothèque de la Pléiade)

Bossuet rédigea le Discours sur l'histoire universelle *à l'intention de son élève, Louis de France, fils de Louis XIV, dont il fut le précepteur de 1670 à 1680. Cette circonstance de parution du texte est révélatrice du lien tissé entre religion et politique, puisque le propos de Bossuet, en faisant de la Providence le moyen exclusif de mise en ordre de la diversité historique, ce qui permet de conférer un sens à la succession des empires et des âges de l'humanité, entend rappeler au futur roi le rôle qu'il aura à jouer dans un monde tout orienté par le « dessein » de Dieu. Ce n'est donc pas le sens d'un événement qui est à éclairer, mais l'ensemble du devenir humain, dont l'origine, christique, apparaît comme le point fixe à partir duquel ce qui suit est unifié. Face au spectacle de destruction des empires, les vies humaines paraissent bien absurdes, les rois même peuvent en tirer une leçon de modestie car Dieu ne s'en sert que pour accomplir ses desseins.*

> Ainsi tous les grands empires que nous avons vus sur la Terre ont concouru par divers moyens au bien de la reli-

gion et à la gloire de Dieu, comme Dieu même l'a déclaré par ses prophètes.

Quand vous lisez si souvent dans leurs écrits que les rois entreront en foule dans l'Église, et qu'ils en seront les protecteurs et les nourriciers, vous reconnaissez à ces paroles les empereurs et les autres princes chrétiens ; et comme les rois vos ancêtres se sont signalés plus que tous les autres, en protégeant et en étendant l'Église de Dieu, je ne craindrai point de vous assurer que c'est eux qui, de tous les rois, sont prédits le plus clairement dans ces illustres prophéties.

Dieu donc, qui avait dessein de se servir des divers empires pour châtier, ou pour exercer, ou pour étendre, ou pour protéger son peuple, voulant se faire connaître pour l'auteur d'un si admirable conseil, en a découvert le secret à ses prophètes, et leur a fait prédire ce qu'il avait résolu d'exécuter. C'est pourquoi, comme les empires entraient dans l'ordre des desseins de Dieu sur le peuple qu'il avait choisi, la fortune de ces empires se trouve annoncée par les mêmes oracles du Saint-Esprit qui prédisent la succession du peuple fidèle.

Plus vous vous accoutumerez à suivre les grandes choses et à les rappeler à leurs principes, plus vous serez en admiration de ces conseils de la Providence. Il importe que vous en preniez de bonne heure les idées, qui s'éclairciront tous les jours de plus en plus dans votre esprit, et que vous appreniez à rapporter les choses humaines aux ordres de cette sagesse éternelle dont elles dépendent.

Dieu ne déclare pas tous les jours ses volontés par ses prophètes, touchant les monarchies ou les rois qu'il élève ou qu'il détruit. Mais l'ayant fait tant de fois dans ces grands empires dont nous venons de parler, il nous montre, par ces exemples fameux, ce qu'il fait dans tous les autres ; et il apprend aux rois ces deux vérités fondamentales : premièrement, que c'est lui qui forme les royaumes pour les donner à qui il lui plaît ; et secondement, qu'il sait les faire servir dans les temps et dans l'ordre qu'il a résolu, aux desseins qu'il a sur son peuple.

(Troisième partie, chapitre 1.)

2.

Nicolas de CONDORCET (1743-1794)
Esquisse d'un tableau historique des progrès de l'esprit humain (1793)

(GF-Flammarion, 1988)

Le texte qui suit est révélateur de la rupture consommée dans les Lumières françaises avec les théologies de l'histoire dont Bossuet apparaît comme le dernier représentant. Mais si la référence à la Providence est répudiée, elle se voit en fait supplantée par une autre norme tout aussi extérieure au devenir humain, la raison. Le champ historique est certes rapporté à une origine qui n'est plus, comme c'était encore le cas chez Bossuet, christique, mais seulement chronologique. Toutefois, celui-ci est abordé sous un angle là encore totalisant : c'est uniquement la marque du progrès qui intéresse l'observateur, celui-ci allant jusqu'à envisager de manière parallèle l'apprentissage de la raison au niveau individuel et le développement de celle-ci au sein de l'espèce. Un tel rationalisme, porté par un optimisme sans faille, rencontre finalement les écueils des histoires universelles traditionnelles puisque, en renvoyant la scène du monde à une fin qui la dirige, il occulte le propre des époques et des événements, des peuples et des individualités, n'accordant ainsi aucun poids à la liberté humaine.

L'homme naît avec la faculté de recevoir des sensations, d'apercevoir et de distinguer, dans celles qu'il reçoit, les sensations simples dont elles sont composées, de les retenir, de les reconnaître, de les combiner. […]

Si l'on se borne à observer, à connaître les faits généraux et les lois constantes que présente le développement de ces facultés, dans ce qu'il a de commun aux divers individus de l'espèce humaine, cette science porte le nom de métaphysique.

Mais si l'on considère ce même développement dans ses résultats, relativement à la masse des individus qui coexistent dans le même temps sur un espace donné, et si on le suit de générations en générations, il présente alors le tableau des progrès de l'esprit humain. Ce progrès est soumis aux mêmes lois générales qui s'observent dans le développement individuel de nos facultés, puisqu'il est le résultat de ce développement, considéré en même temps dans un grand nombre d'individus réunis en société. Mais le résultat que chaque instant présent dépend de celui qu'offraient les instants précédents, et influe sur celui des temps qui doivent suivre.

Ce tableau est donc historique, puisque, assujetti à de perpétuelles variations, il se forme par l'observation successive des sociétés humaines aux différentes époques qu'elles ont parcourues. Il doit présenter l'ordre des changements, exposer l'influence qu'exerce chaque instant sur celui qui le remplace, et montrer ainsi, dans les modifications qu'a reçues l'espèce humaine, en se renouvelant sans cesse au milieu de l'immensité des siècles, la marche qu'elle a suivie, les pas qu'elle a faits vers la vérité ou le bonheur. Ces observations, sur ce que l'homme a été, sur ce qu'il est aujourd'hui, conduiront ensuite aux moyens d'assurer et d'accélérer les nouveaux progrès que sa nature lui permet d'espérer encore.

Tel est le but de l'ouvrage que j'ai entrepris, et dont le résultat sera de montrer, par le raisonnement et par les faits, qu'il n'a été marqué aucun terme au perfectionnement des facultés humaines ; que la perfectibilité de l'homme est réellement indéfinie ; que les progrès de cette perfectibilité, désormais indépendante de toute-puissance qui voudrait les arrêter, n'ont d'autre terme que la durée du globe où la nature nous a jetés.

3.

Wilhelm DILTHEY (1833-1911)
L'édification du monde historique (1910)

(trad. Sylvie Mesure, Éd. du Cerf)

*Comment établir le sens d'un événement une fois que l'on a renoncé soit à un schème transcendant qui injecte de façon dogmatique dans le devenir humain un sens l'écrasant, soit à une norme qui, pour n'être pas dépendante d'un postulat métaphysique coûteux (l'existence de Dieu) n'en demeure pas moins globalisante et finalement extérieure à la spécificité des époques ? L'écueil possible, que Kant ne manque pas de souligner dans l'*Idée, *est la perte de sens. S'il est nécessaire en effet de prêter une réelle attention aux faits, à leur pluralité et leur spécificité, le risque est grand de n'aboutir qu'à une collection de faits désordonnés. Car l'histoire a besoin d'un principe ordonnateur, permettant de relier les événements entre eux de façon à aboutir à un récit cohérent. La notion d'ensemble mise en avant par Dilthey, qui se situe incontestablement dans la lignée du kantisme, permet d'éviter le double écueil d'une science historique confinant soit à une théodicée, soit au scientisme, d'une part, d'une simple histoire empirique, désordonnée et dissolue, d'autre part. Dilthey, en distinguant explication, ne pouvant s'appliquer qu'aux sciences de la nature, lesquelles peuvent être appréhendées selon une causalité stricte, et compréhension, portant sur les sciences de l'esprit en lesquelles sujet et objet de la recherche coïncident, ouvre la voie à une histoire dont le sens n'est fonction ni d'une fin ni d'une origine, mais du rapport d'un fait au tout dans lequel il s'inscrit.*

> L'édification [des sciences de l'esprit] part de l'expérience vécue, elle va de la réalité à la réalité ; elle consiste à pénétrer toujours plus profondément dans la réalité historique, à aller chercher toujours davantage en elle, à acquérir sur elle un regard toujours plus large. On n'introduit en cela aucune hypothèse qui supposerait quelque

chose au-delà du donné. Car la compréhension pénètre dans les expressions de la vie d'autrui grâce à une transposition que l'on effectue à partir de la plénitude de ses expériences personnelles. [...]

Cette compréhension ne désigne pas seulement un procédé méthodologique spécifique que nous adoptons face à de tels objets ; il ne s'agit pas seulement, entre sciences de l'esprit et sciences de la nature, d'une différence dans la position du sujet par rapport à l'objet, d'un type de démarche, d'une méthode, mais le procédé de la compréhension est objectivement fondé en ceci que l'élément extérieur qui constitue l'objet des sciences de l'esprit se différencie absolument de celui des sciences de la nature. L'esprit s'est objectivé dans ces réalités extérieures, des fins s'y sont forgées, des valeurs s'y sont réalisées, et c'est précisément cette dimension spirituelle, inscrite en elles, que la compréhension saisit. Il y a entre moi et ces réalités une relation vitale. Leur caractère finalisé est fondé dans ma faculté de poser des fins, ce qu'il y a en elles de beau et de bien est fondé sur ma capacité d'instituer des valeurs, leur compréhensibilité se fonde dans mon intellect. [...]

Dans la nature extérieure une cohérence est attribuée aux phénomènes à travers une liaison de concepts abstraits. Au contraire, dans le monde de l'esprit, la cohérence est vécue et comprise d'après ce vécu. La cohérence de la nature est abstraite, mais la cohérence psychique et historique est vivante, imprégnée de vie.

4.

Raymond ARON (1905-1983)
Introduction à la philosophie de l'histoire (1938)

(Gallimard, « Tel » n° 58)

Raymond Aron a consacré sa thèse de doctorat à l'historicisme et à l'herméneutique allemands de la fin du XIX*e* *siècle. Se situant dans le sillage kantien, il ouvre sa recherche sur une question :*

« Une science historique universellement valable est-elle possible ? », posant par là le problème des limites de l'objectivité en histoire et augurant une réflexion de fond sur le rôle de l'historien dans la retranscription de l'événement. Celui-ci, dans le processus de reconstitution de l'événement étudié, définit des causes possibles de l'événement qui n'ont pas vocation à garder son lecteur en haleine, mais à prendre sérieusement en considération la contingence intrinsèque à l'événement. « Tout historien, pour expliquer ce qui a été, se demande ce qui aurait pu être », écrit Aron dans le texte reproduit ci-dessous. Car il s'agit bien, ainsi que l'écrira Paul Ricœur commentant Aron, d'insister sur le fait que « par son caractère probabiliste, l'explication causale incorpore au passé l'imprévisibilité qui est la marque du futur et introduit dans la rétrospection l'incertitude de l'événement » (Temps et récit, *t. I). Prenant ici l'exemple du rôle joué par Bismarck dans le déclenchement de la guerre de 1866 entre l'Autriche et la Prusse, Aron analyse les opérations auxquelles procède l'historien. Il s'agit bien de défendre une méthodologie historienne rigoureuse, permettant de donner du sens à ce qui s'est passé tout en sauvegardant la contingence du champ historique.*

> Si je dis que la décision de Bismarck a été cause de la guerre de 1866 [...] j'entends que, sans la décision du chancelier, la guerre n'aurait pas éclaté (ou du moins n'aurait pas éclaté à ce moment) [...], la causalité effective ne se définit que par une confrontation avec les possibles. *Tout historien, pour expliquer ce qui a été, se demande ce qui aurait pu être.* La théorie se borne à mettre en forme logique cette pratique spontanée de *l'homme dans la rue.*
> Si nous cherchons la cause d'un phénomène, nous ne nous bornons pas à additionner ou à rapprocher les antécédents. Nous nous efforçons de *peser* l'influence propre de chacun. Pour opérer cette discrimination, nous prenons un des antécédents, nous le supposons, par la pensée, disparu ou modifié, nous tâchons de construire ou d'imaginer ce qui se serait passé dans cette hypothèse. Si nous devons admettre que le phénomène étudié aurait été autre en l'absence de cet antécédent (ou bien au cas où celui-ci aurait été différent), nous concluons que cet

> antécédent est *une* des causes d'une partie du phénomène effet, à savoir de la partie que nous avons dû supposer transformée [...].
> Logiquement, la recherche comprend donc les opérations suivantes : 1° découpage du phénomène effet ; 2° discrimination des antécédents et séparation d'un antécédent dont on veut estimer l'efficace ; 3° construction d'évolutions irréelles ; 4° comparaison des images mentales et des événements réels.

5.

Don DELILLO (né en 1936)

L'homme qui tombe (2007)

(trad. Marianne Véron, Actes Sud)

Tous les romans de Don DeLillo, chacun sur une toile de fond particulière, s'apparentent à une tentative de décryptage du monde. Ce dernier est parcouru d'ondes, de radiations, en bref de significations qui atteignent le cœur des espaces les plus reculés du devenir humain. Car la littérature de Don DeLillo, si elle peut être qualifiée de tellurique en ceci qu'elle trouve son ancrage dans un désert censé détenir en lui tous les secrets du monde, n'en demeure pas moins profondément habitée par le spectre d'une liberté humaine qui ne maîtrise pas les effets, pléthoriques, de son incarnation. Si bien que tout résonne de tout et que chaque vie porte en elle l'écho vibrant, brumeux, de milliards d'autres vies. Dans son dernier roman, dont nous reproduisons ci-dessous un extrait, DeLillo s'attache à dire le 11-Septembre 2001. Il ne s'agit pas, pour le romancier, d'expliquer un événement qui, dans son surgissement même, ne peut apparaître que comme un « phénomène saturé », c'est-à-dire quelque chose de tellement puissant qu'aucun mot, aucun concept, ne peut en épuiser le sens. Il s'agit plutôt de donner à voir ce que l'humain, traversé par un sens construit et dont il se croit le dépositaire, peut faire à l'humain. Si l'événement n'est pas défini, il est cependant désigné, car voir le deuxième avion se diriger vers la tour sud, c'est voir autre chose qu'un accident, c'est voir un drame produit par une résolution destructrice et dont le sens, au cœur même de la consternation, est déjà convoqué.

> Chaque fois qu'elle voyait la vidéo des avions, elle avançait un doigt vers la touche d'arrêt de la télécommande. Puis elle continuait à regarder. Le second avion surgissant de ce ciel bleu glacier, c'était la séquence qui entrait dans le corps, qui semblait lui courir sous la peau, la course brève qui emportait des vies et des histoires, les leurs et la sienne, toutes, quelque part ailleurs, loin au-delà des tours.
>
> Les ciels qu'elle gardait en mémoire étaient des spectacles, des nuages et des tempêtes en mer, ou cet éclat électrique avant le tonnerre d'été sur la ville, qui appartenaient toujours aux seules énergies météorologiques, à ce qu'il y avait là-bas, masses d'air, vapeur d'eau, mouvements d'ouest. Ceci était différent : un ciel limpide qui portait la terreur humaine dans ces appareils lancés à grande vitesse qui le zébraient, d'abord un, puis l'autre, la force d'intention de ces hommes. Il regardait avec elle. Chaque désespoir qui se découpait sur le ciel, des voix humaines qui invoquaient Dieu, et l'horreur d'imaginer cela, le nom de Dieu sur les lèvres des tueurs et des victimes, d'abord un avion et puis l'autre, celui qui était presque un dessin animé à forme humaine, avec des yeux et des dents qui étincelaient, le deuxième avion, la tour sud.
>
> Il ne regarda qu'une seule fois avec elle. Elle savait qu'elle ne s'était jamais sentie aussi proche de personne, en regardant les avions traverser le ciel. Debout contre le mur il avait tendu le bras vers la chaise et lui avait pris la main. Elle se mordait la lèvre et regardait. Ils allaient tous mourir, passagers et équipages, et des milliers d'autres dans les tours, et elle le ressentit au plus profond de son corps, un temps d'arrêt comme un abîme, et elle songea il est là, incroyablement, dans l'une de ces tours, et maintenant sa main est sur la sienne, dans la pâle lumière, comme pour la consoler de sa mort.
>
> Il dit : « On dirait encore un accident, le premier. Même à cette distance, loin en dehors de là, combien de jours plus tard, je suis là à me dire c'est un accident.

— Parce que c'en est forcément un.
— C'en est forcément un.
— La façon dont la caméra se montre surprise, en quelque sorte.
— Mais seulement le premier.
— Seulement le premier, dit-elle.
— Le deuxième avion, quand le deuxième avion apparaît, dit-il, nous sommes tous un peu plus vieux et un peu plus sages. »

Prolongements

Sujets de dissertation

- Éduquer un être libre.
- Adhérer à un projet politique, est-ce nécessairement renoncer à soi ?
- L'histoire a-t-elle un sens ?
- L'histoire a-t-elle une fin ?
- Y a-t-il des lois de l'histoire ?
- Toute guerre est-elle nécessairement injuste ?
- La fin justifie-t-elle les moyens ?

Lectures complémentaires

- Emmanuel KANT, *Projet de paix perpétuelle* (1795), Vrin 2002, (1990) trad. J. Gibelin : dans ce texte, Kant réduit le projet d'instauration d'une constitution civile parfaite à une perspective purement mécanique. L'hypothèse formulée dans la sixième proposition de l'*Idée,* selon laquelle une telle instauration requerrait un maître juste par lui-même, est donc abandonnée au profit d'une perspective exclusivement naturaliste. Une constitution civile parfaite pourrait alors être instituée par un « peuple de démons », pourvu que celui-ci ait quelque intelligence.

Portant sur la philosophie de l'histoire de Kant :

- Luc FERRY, *Philosophie politique*, 2e partie, *Le système des philosophies de l'histoire*, PUF, 2007.
- Jean-Michel MUGLIONI, *La philosophie de l'histoire de Kant*, PUF, 1993.
- Alexis PHILONENKO, *La théorie kantienne de l'histoire*, Vrin 1998, (1986).
- Gérard RAULET, *Kant. Histoire et citoyenneté*, in *La philosophie de Kant* (ouvrage collectif), PUF, « Quadrige », 2003, p. 217 et suiv.
- Alain RENAUT, *Kant aujourd'hui*, Aubier, 1997.

Piste de réflexion

- De la Société des Nations à l'Organisation des Nations unies…

Les dernières propositions de l'*Idée d'une histoire universelle au point de vue cosmopolitique* mettent en avant la nécessité, pour garantir la sécurité des peuples, de créer une Société des Nations, comprise comme une confédération d'États républicains. Selon Kant, cette perspective, qui peut bien apparaître « fanatique » (*schwärmerisch*), c'est-à-dire utopique, voire délirante, doit toutefois être maintenue comme un but vers lequel les peuples doivent tendre. Il s'agit donc moins, à l'instar de la *République* de Platon, d'une utopie, que d'un idéal, un « commandement absolu de la raison pratique ». L'histoire contemporaine, qui a vu naître l'O.N.U. après l'échec de la Société des Nations fondée en 1920, confère rétrospectivement au projet kantien une réelle consistance, car si l'on peut à bon droit se réjouir de l'existence d'une telle organisation internationale, sa pleine efficacité demeure toutefois une tâche encore à accomplir.

Nous ne pouvons que renvoyer à la lecture de la Charte des Nations unies, proclamée le 26 juin 1945.

DANS LA MÊME COLLECTION

Lycée

Série Philosophie

Notions d'esthétique (anthologie) (110)
ALAIN, *44 Propos sur le bonheur* (105)
Hannah ARENDT, *La crise de l'éducation*, extrait de *La crise de la culture* (89)
ARISTOTE, *Invitation à la philosophie (Protreptique)* (85)
Saint AUGUSTIN, *La création du monde et le temps* – « Livre XI, extrait des *Confessions* » (88)
Walter BENJAMIN, *L'œuvre d'art à l'époque de sa reproductibilité technique* (123)
Émile BENVENISTE, *La communication*, extrait de *Problèmes de linguistique générale* (158)
Albert CAMUS, *Réflexions sur la guillotine* (136)
René DESCARTES, *Méditations métaphysiques* – « 1, 2 et 3 » (77)
René DESCARTES, *Des passions en général*, extrait des *Passions de l'âme* (129)
René DESCARTES, *Discours de la méthode* (155)
Denis DIDEROT, *Le Rêve de d'Alembert* (139)
Émile DURKHEIM, *Les règles de la méthode sociologique* – « Préfaces, chapitres 1, 2 et 5 » (154)
Michel FOUCAULT, *Droit de mort et pouvoir sur la vie*, extrait de *La Volonté de savoir* (79)
Sigmund FREUD, *Sur le rêve* (90)
Thomas HOBBES, *Léviathan* – « Chapitres 13 à 17 » (111)
Emmanuel KANT, *Des principes de la raison pure pratique*, extrait de *Critique de la raison pratique* (87)
Étienne de LA BOÉTIE, *Discours de la servitude volontaire* (137)
G. W. LEIBNIZ, Préface aux *Nouveaux Essais sur l'entendement humain* (130)
Claude LÉVI-STRAUSS, *Race et histoire* (104)
Nicolas MACHIAVEL, *Le Prince* (138)
Nicolas MALEBRANCHE, *La Recherche de la vérité* – « De l'imagination, 2 et 3 » (81)

DANS LA MÊME COLLECTION

Composition Interligne
Impression Novoprint
à Barcelone, le 15 juin 2011
Dépôt légal : 5 juillet 2011
1er dépôt légal : juin 2009

ISBN 978-2-07-038994-0/Imprimé en Espagne.

185405